文部科学省後援
実用フランス語技能検定試験

2016年度版 準1級
仏検公式ガイドブック
傾向と対策＋実施問題

フランス語教育振興協会編

公益財団法人　フランス語教育振興協会

ま え が き

　グローバル化の 21 世紀といわれますが、世界から孤立せず、世界と対話し、平和で豊かな未来を切り拓くためには、今こそ多くの日本人がさまざまな外国語をマスターしていくことが大切です。多言語・多文化の世界でお互いを尊重しながら共生を目指すことが要請される現代において、英語一辺倒の方針では限界があるのは明らかでしょう。

　その中でもフランス語は、フランスだけでなく、多数の国々や地域で話され、また、国連をはじめとする国際機関で使われている重要な公用語のひとつです。さらに、フランス語は、人類にとって普遍的な価値や独創的な文化を担ってきた言語でもあります。2020 年には東京でオリンピック・パラリンピックが開催されますが、フランス語は第一公用語です。開会式では、開催国の言語のほか英語とフランス語で出場国が紹介されますが、その際、最初に流れるのはフランス語なのです。また東京オリンピックには、フランス語圏から多くの選手や関係者それに観光客が訪れることになります。これを機会にフランス語を勉強し、フランス語でコミュニケーションを試みてみましょう。かならずや多くの貴重な体験が得られるはずです。

　今日、フランスの企業が次々に日本に進出してくる一方、日本の企業もフランス語圏に広く展開しています。トヨタやユニクロ、無印良品のフランス進出、日産とルノーの提携などはその典型的な例です。いまや英語はあたりまえとされるビジネスの世界で、さらにフランス語も使いこなせるとなれば、チャンスがさらに広がることはまちがいないでしょう。フランス語をマスターしてアフリカ諸国で国際協力、援助活動に従事している人々も少なくありません。また、フランス語を学び使いこなせるようになることは、自分の人生をより豊かに生きる道につながっています。

　日本の学習者を対象とし、文部科学省とフランス大使館文化部の後援を受けて、1981 年以来実施されている「仏検」は、フランス語を聞き・話し・読み・書く能力をバランスよく客観的に評価する検定試験として、ますます高い評価を受けています。1 級・準 1 級・2 級・準 2 級・3 級・4 級・5 級の 7 段階を合わせて毎年約 3 万人が受験しています。また、大学の単位認定や編入学試験、大学院入試等に利用されるケースも多くなっています（多数の学生が受験している学校のリストが巻末にありますので、ご参照ください）。

本書は、準1級の傾向と対策を解説した第1部と、2015年度秋季に実施した仏検の問題、およびそれにくわしくていねいな解説・解答を付した第2部とから成る公式ガイドブックです。　書き取り・聞き取り試験のCDが付いています。本書をフランス語の実力アップと仏検合格のために、どうぞご活用ください。

　なお、本書全体の監修ならびに第1部の執筆は井上櫻子が担当し、第2部の解説は寺田寅彦が執筆しています。

　2016年3月

　　　　　　　　　　　　　　公益財団法人　フランス語教育振興協会

目　　次

まえがき …………………………………………………………… 3
実用フランス語技能検定試験実施要領 ………………………… 6
2015 年度仏検受験状況 …………………………………………… 8
準 1 級の内容と程度 ……………………………………………… 9
解答用紙（雛形）………………………………………………… 10

第 1 部　準 1 級の傾向と対策 ……………………………… 13
　　［Ⅰ］1 次試験の傾向と対策………………………………… 14
　　［Ⅱ］2 次試験の傾向と対策………………………………… 153

第 2 部　2015 年度　問題と解説・解答 ………………… 159
　　2015 年度　出題内容のあらまし ………………………… 160
　　　1 次試験　筆記試験　書き取り・聞き取り試験……… 161
　　　2 次試験　面接………………………………………………… 176
　　　総評 …………………………………………………………… 178
　　　解説・解答 …………………………………………………… 179

学校別受験者数一覧 …………………………………………… 208

実用フランス語技能検定試験　実施要領

　実用フランス語技能検定試験（仏検）は、年2回、春季（1次試験6月・2次試験7月）と秋季（1次試験11月・2次試験1月）に実施しております。ただし、1級は春季のみ、準1級は秋季のみの実施です。

　2次試験は1級・準1級・2級・準2級の1次試験合格者が対象です。なお、隣り合う2つの級まで併願が可能です。

　また、出願の受付期間は、通常、春季は4月から5月中旬、秋季は9月から10月中旬です。

◆各級の内容

- **1 級**（春季のみ）　《1次》筆記試験（記述式・客観形式併用）120分
  書き取り・聞き取り試験　約40分
  《2次》面接試験　約9分
- **準1級**（秋季のみ）　《1次》筆記試験（記述式・客観形式併用）100分
  書き取り・聞き取り試験　約35分
  《2次》面接試験　約7分
- **2 級**　《1次》筆記試験（記述式・客観形式併用）90分
  書き取り・聞き取り試験　約35分
  《2次》面接試験　約5分
- **準2級**　《1次》筆記試験（記述式・客観形式併用）75分
  書き取り・聞き取り試験　約25分
  《2次》面接試験　約5分
- **3 級**　筆記試験（客観形式・記述式）60分
  聞き取り試験　約15分
- **4 級**　筆記試験（客観形式）45分
  聞き取り試験　約15分
- **5 級**　筆記試験（客観形式）30分
  聞き取り試験　約15分

◆受験地（2015年度秋季）

　1次試験　札幌、弘前、盛岡、仙台、秋田、福島、水戸、宇都宮、群馬、草加、千葉、東京、横浜、新潟、金沢、甲府、松本、岐阜、静岡、三島、名古屋、京都、大阪、西宮、奈良、鳥取、松江、

　　　　　　　　岡山、広島、高松、松山、福岡、長崎、熊本、別府、宮崎、
　　　　　　　　鹿児島、西原町（沖縄県）、パリ
　　2 次試験　　札幌、盛岡、仙台、群馬、東京、新潟、金沢、静岡、名古屋、
　　　　　　　　京都、大阪、松江、岡山、広島、高松、福岡、長崎、熊本、
　　　　　　　　西原町、パリ
　＊上記の受験地は、季ごとに変更となる可能性があります。また、会場に
　　よって実施される級がことなる場合がありますので、くわしくは、最新
　　の仏検受験要項・願書またはAPEFのホームページをご覧ください。
　＊最終的な受験地・試験会場の詳細は、受験票の記載をご確認ください。

◆出願方法　　下記の2つの方法からお選びください
　1．インターネット申込：詳細はAPEFのホームページをご覧ください。
　2．郵送申込：受験要項・願書を入手→検定料納入→願書提出、の順でお
　　手続きください。
　　　＊全国の仏検特約書店・大学生協では願書・要項を配布、あわせて検
　　　　定料の納入を受けつけております。
　　　＊願書・要項は仏検事務局へ電話・E-mail等で請求なさるか、APEF
　　　　ホームページよりダウンロードして入手なさってください。

◆合否の判定とその通知
　　級によりことなりますが、60〜70%の得点率を目安に出題するように努め
ています。各級の合格基準は、審査委員会がさまざまな条件を総合的に判断
して決定しています。
　　結果通知には合否のほか、合格基準点、合格率とご本人の得点が記載されます。

◆お問い合わせ先

公益財団法人　フランス語教育振興協会　仏検事務局
〒102-0073　東京都千代田区九段北1-8-1　九段101ビル
（TEL）03-3230-1603　（FAX）03-3239-3157
（E-mail）dapf@apefdapf.org
（URL）http://www.apefdapf.org

2015年度仏検受験状況

級（季）	出願者数	1次試験 受験者数	1次試験 合格者数	1次試験 合格率	1次試験免除者数	2次試験 受験者数	2次試験 合格者数	最終合格率
1級	752名	675名	85名	12.6%	8名	93名	77名	11.3%
準1級	1,517名	1,259名	320名	25.4%	63名	361名	287名	22.1%
2級（春）	1,879名	1,612名	575名	35.7%	88名	630名	548名	32.9%
（秋）	2,001名	1,732名	618名	35.7%	60名	646名	548名	31.1%
準2級（春）	2,027名	1,697名	1,031名	60.8%	120名	1,106名	949名	53.6%
（秋）	2,218名	1,877名	1,173名	62.5%	98名	1,205名	1,039名	54.4%
3級（春）	3,105名	2,756名	1,816名	65.9%				
（秋）	3,347名	2,928名	1,750名	59.8%				
4級（春）	2,367名	2,113名	1,441名	68.2%				
（秋）	3,373名	3,052名	2,216名	72.6%				
5級（春）	1,704名	1,504名	1,271名	84.5%				
（秋）	2,623名	2,425名	2,144名	88.4%				

＊1級は春季のみ、準1級は秋季のみ

準1級の内容と程度

程　度
　日常生活や社会生活を営むうえで必要なフランス語を理解し、一般的な内容はもとより、多様な分野についてのフランス語を読み、書き、聞き、話すことができる。

標準学習時間：500 時間以上

試験内容

読　む	一般的な内容の文章を十分に理解できるだけでなく、多様な分野の文章についてもその大意を理解できる。
書　く	一般的な事柄についてはもちろんのこと、多様な分野についても、あたえられた日本語を正確なフランス語で書き表わすことができる。
聞　く	一般的な事柄を十分に聞き取るだけでなく、多様な分野にかかわる内容の文章の大意を理解できる。
話　す	身近な問題や一般的な問題について、自分の意見を正確に述べ、相手ときちんとした議論ができる。
文法知識	文の書きかえ、多義語の問題、前置詞、動詞の選択・活用などについて、かなり高度な文法知識が要求される。

語彙：約 5,000 語

試験形式

1 次試験（120 点）

筆　記	問題数 8 問、配点 80 点。試験時間 100 分。マークシート方式、一部記述式。
書き取り	問題数 1 問、配点 20 点。試験時間（下記聞き取りと合わせて）約 35 分。
聞き取り	問題数 2 問、配点 20 点。語記入、マークシート方式。

2 次試験（40 点）

個人面接試験	あたえられたテーマのなかから受験者が選んだものについての発表と質疑応答。 試験時間約 7 分。

解答用紙（雛型）（40％縮小）

2015年度 秋季 実用フランス語技能検定試験（準1級）筆記試験 解答用紙

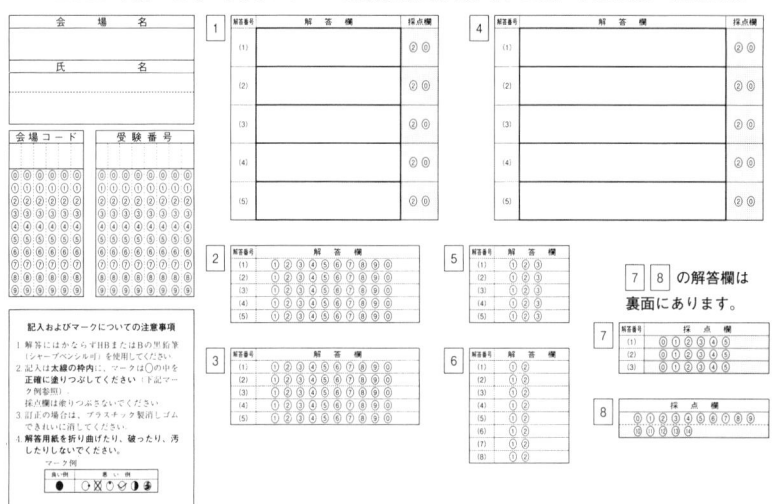

第1部
準1級の傾向と対策

［I］1次試験の傾向と対策

　準1級は文字どおり「1級に準ずる」級ですから、フランス語を「聞く」「話す」「読む」「書く」という4つの言語能力を1級に「準ずる」レベルまで身につけていることが求められます。審査基準の規定によれば、「日常生活や社会生活を営むうえで必要なフランス語を理解し、一般的な内容はもとより、多様な分野についてのフランス語を読み、書き、聞き、話すことができる」レベルです。

　準1級受験に対応する標準学習時間は「500時間以上」とされ、一般に4年制大学のフランス語・フランス文学専攻課程を卒業しただけでは足りない勉強量を前提にしています。また、語彙の範囲は5,000語が目安とされていますが、単に知っている単語数の問題ではなく、フランスの現代社会・文化などに関係する語彙や表現も知っていることが必要です。

　したがって準1級の受験をめざすには、ふだんから新聞、雑誌、インターネットなどでニュース・時事問題に親しんだり、ときには時間をかけて熟読したりして、フランス語の総合力を高めるように努力してください。現在では衛星放送やインターネットを利用して TV5 や Radio France Internationale(RFI) など、フランスの放送を簡単に視聴することができます。また NHK の BS 国際放送でも、毎日フランス語のニュースを音声多重で放送していますので、原語に切り替えて聞き取るのもよいでしょう。

　準1級は難易度では1級にはおよびませんが、問題の形式はかなり似かよっており、書き取り・聞き取りを除く1次試験の試験時間は100分となっています。
　この100分をどう配分したらいいのでしょう？　参考までに、ひとつのモデルを紹介します。

- まず、穴うめ問題の1 2 3 から始めます。それぞれに5分として合計15分。すぐに解答できないものはそのままにしておきます。
- 次に、長文問題の4 5 6 7 と和文仏訳（テーム）の8 です。4 5 6 それぞれに10分、7 8 は手ごわいし、配点も高いので、それぞれ20分

とします。ここまでで合計 85 分です。
- 最後に、残りの 15 分で見直しをおこないます。①②③でやり残した問題に取り組み、さらに④⑤⑥⑦⑧を、自分が採点者になったような、客観的な目で再度点検してみます。

以上が時間配分の一例ですが、長文問題④⑤⑥⑦のうちでは、まず内容一致の⑥から解答し、次に、おなじく選択式の⑤（文章完成）、そのあとに記述式の④⑦⑧という順序で解答していくパターンが多いようです。もちろん、解答順序は人それぞれですので、実際に過去問題を解いてみて、自分にもっとも適した順序をみつけてください。これも準備のひとつです。

第 1 部では、以下、筆記、書き取り、聞き取りの順に問題の概要を示し、過去の出題例に則して傾向と対策を記述します（問題のあとのカッコ内の数字は出題年度を示します）。

なお、問題の指示文は年度によって若干の異同はありますが、ここでは便宜上、マークシートによる解答に対応したもっとも新しい形式に統一しています（ただし解答用紙に関する説明など、内容に関係しない部分は割愛している場合もあります。指示文の全体は第 2 部にかかげた 2015 年度の問題に示されています）。

なお、1 次試験の問題別配点については、第 2 部 p.204 を参照してください。

筆 記 試 験

1 　動詞、形容詞または副詞を名詞に変え、文を書きかえる**名詞化** nominalisation の問題です。名詞化の問題は準1級と1級で出題されますが、1級では文全体の書きかえが求められるのに対し、準1級では対応する名詞の部分だけを解答します。

　フランス語の文章表現ではひんぱんに名詞構文が現れ、とくに文章を書く場合、表現の幅をひろげる意味でも名詞化の知識は欠かせません。日ごろから語の派生関係に留意し、使用頻度の高い動詞や形容詞、副詞については、語義とともに対応する名詞形を覚えておくようにしてください。

　なかでもこの問題で出題されることが多い動詞に関しては、接尾辞に注目しておもなケースを整理しておくとよいでしょう。一般に接尾辞による動詞の名詞化は次の2つに分けて考えることができます。

① disparaître → dispari**tion**、exploser → explos**ion**、commencer → commence**ment**、passer → pass**age** など、名詞形がおもに元の動詞の「動作」を示す場合

② blesser → bless**ure**、fouiller → fouil**lis** など、おもに「動作の結果・状態」を示す場合

このほか、arriver → arrivée、prendre → prise など、過去分詞の女性形と名詞が同形のもの、annoncer → annonce、embarrasser → embarras など、接尾辞を用いずに動詞語尾を省略するもの、partir → départ、revenir → retour のように、語幹の変化をともなうケースにも注意が必要です。

　また、動詞によっては、対応する名詞形が複数存在することがあり、その場合は文意に応じて適切な派生形を選択しなければなりません。身近な例では、次のような動詞がこれに該当します。

arrêter → arrêt、arrestation　　　changer → change、changement
déchirer → déchirure、déchirement　　espérer → espoir、espérance
essayer → essai、essayage　　　exposer → exposé、exposition
payer → paie、paiement

　形容詞についても、-té(ité)、-ce、-esse、-ie(rie)、-itude、-eur など、名詞化に用いられるおもな接尾辞を覚えておく必要があります。副詞の出題

はそれほど多くはありませんが、基本的な考え方は形容詞の場合と同様で、たとえば rapidement → rapide → rapidité のように、対応する形容詞（または動詞）を経由して名詞形をみちびくことができます。

　派生語の知識を確かなものにするには、単に語のレベルではなく、ひとまとまりの表現として記憶することが有効です。たとえば prouver「示す」を言いかえる場合は faire preuve de ~、en attendant ~「~を待ちながら」に対しては dans l'attente de ~ というように、つねに文の書きかえを意識し、名詞化した場合どのような表現をとるかを念頭に置くようにしてください。

練習問題 1

　例にならい、次の(1)～(5)について、**A** のイタリック体の部分を変化させて **B** の（　　　）内に入れると、2つの文 **A**、**B** がほぼ同じ意味になります。（　　　）内に入れるのに最も適切なフランス語（各1語）を、解答欄に書いてください。（例は省略）

(1)　**A**　Comme les étudiants continuaient à *bavarder*, le professeur s'est mis en colère.
　　B　Le (　　　) sans fin des étudiants a mis le professeur en colère.
　　　　　　　　　　　　　　　　　　　　　　　　　　　　(12)

(2)　**A**　Hector s'est fait *licencier* à cause d'une faute professionnelle.
　　B　Hector a fait l'objet d'un (　　　) pour faute professionnelle.
　　　　　　　　　　　　　　　　　　　　　　　　　　　　(14)

(3)　**A**　Il a déclaré au commissariat qu'il *avait perdu* son passeport.
　　B　Il a déclaré la (　　　) de son passeport au

commissariat. (10)

(4) **A** Le bruit l'a fait *sursauter* de peur.
    B Quand il a entendu le bruit, il a eu un (　　) de peur. (11)

(5) **A** Qui ne voudrait pas *prolonger* ses vacances ?
    B La (　　) de ses vacances est un rêve pour tout le monde. (11)

|解　説| ここではまず動詞の名詞化のケースを取り上げます（実際の試験問題では、形容詞や副詞の名詞化をふくめた計 5 題が出題されます）。

　(1)「学生たちがしゃべりつづけているので、先生が怒った」。*bavard*、*bavarde* と誤答した例がめだちました。-ment や -ance などの名詞化でよく使われる語尾をまちがってつけた解答や、*bavardeur* のように「おしゃべりする人」と名詞化しようとした解答も見られました。-er 動詞の名詞形が -age となる場合は多く、ほかにも démarrer → démarrage、éclairer → éclairage などがあります。

　(2)「Hector は業務上の過失により解雇された」。ひじょうにできが悪かった問題です。もっとも多かった誤答は、*licence* ですが、これは「学士号、学士課程」「（行政上の）免許、許可（証）」、「（第三者に対する）特許利用許可」、「（スポーツの）ライセンス」、「（詩文における）破格」などという意味の名詞です。また、*licencement*、*licenciment* などのスペルミスも確認されました。自分の手を動かしてフランス語を筆記し、正確なつづりを覚えるよう心がけてください。

　(3)「彼は、パスポートを紛失したことを警察に届け出た」。動詞の不定形 *perdre* を書いた例、*perdure*、*perde* などの誤答がかなり見られました。

　(4)「物音を聞いて、彼は恐怖でとびあがった」。*sursaute*、*sursautage*、*sursauté*、*sursautement* などの誤答が多く見られました。sauter → saut（跳躍、ジャンプ）と同じ名詞化で、*sursaut* が正解です。

　(5)「休暇を延ばしたくない人なんているのだろうか？」。*prolongement* と

書いた誤答がひじょうに多かったです。カッコの前の定冠詞から、カッコに入るのは女性名詞であることが明らかですので、*prolongement* は排除されなければなりません。たしかに、動詞 prolonger を名詞化したものとしては、prolongation と prolongement の２つが考えられますが、prolongation は、Elle a obtenu une prolongation de son congé de maladie.「彼女は病気休暇の延長が認められた」や Il a fallu jouer les prolongations.「試合は延長戦までもつれこんだ」など、時間的な延長を意味するのに対し、prolongement は、On a décidé le prolongement de l'autoroute.「高速道路の区間延長が決定した」のように、おもに空間的な延長に使われます。

解答　(1) bavardage　(2) licenciement　(3) perte
　　　(4) sursaut　(5) prolongation

【練習問題２】

　例にならい、次の(1)～(5)について、**A** のイタリック体の部分を変化させて **B** の（　　）内に入れると、２つの文 **A**、**B** がほぼ同じ意味になります。（　　）内に入れるのに最も適切なフランス語（各１語）を、解答欄に書いてください。（例は省略）

(1) **A**　Elle *a* énormément *gagné* à la loterie.
　　B　Elle a réalisé un (　　) énorme à la loterie.　　(10)

(2) **A**　Il *préfère* le football à tous les autres sports.
　　B　En matière de sport, sa (　　) va au football.　　(11)

(3) **A**　Le premier ministre *a été embarrassé* par les propos d'un député.
　　B　Les propos d'un député ont mis le premier ministre dans l'(　　).　　(10)

(4) **A**　Ta chemise *est déchirée*.
　　B　Il y a une (　　) à ta chemise.　　(13)

(5) **A**　Vous êtes mieux avec les cheveux *coupés* court.
　　B　Une (　　) courte vous va mieux.　　(14)

【解説】　もう１問、動詞の名詞化の練習をしてみましょう。

　(1)「彼女は宝くじで大あたりした」。動詞 gagner に名詞 gain が対応しますが、*gagnement* と書いた誤答が数多く見られました。よく似た例としては、baigner → bain があります。

　(2)「彼はどんなスポーツよりもサッカーが好きだ」。誤答の大部分が、スペルおよびアクサン（*préférance*、*préfèrence*）のミスでした。apparence、

20

ignorance、vengeance など、-ance / -ence で終わる名詞はたくさんあり、混同しがちです。こうしたこまかな点にも気をつけて覚えるようにしましょう。

(3)「首相はある議員の発言に当惑した」。動詞 embarrasser に名詞 embarras が対応します。*embarrasse*、*embarrassage* などの誤答がめだちました。embarras は、Il n'a que l'embarras du choix. 「彼はどれにするか選ぶのに困るくらいだ」といった定形表現でも使われますので、いっしょに覚えておきましょう。

(4)「君のシャツ、破れているよ」。動詞 déchirer から派生する名詞には、déchirure と déchirement があります。衣服の破れや裂けには前者を用います。後者は、布や服や紙などを破く行為とその結果を指しますが、そもそも男性名詞ですから、ここでは不適当です。

(5)「ショートカットのほうが似合いますね」。*coupure* とした答案が目立ちましたが、これは「切り傷」、「(布、皮革などの) 裂け目」、「(世代などの) 断絶」、「(文学作品や映画などの) 削除」、「切り抜き」、「(電気、ガス、水道などの) 供給停止」などという意味の名詞です。ほかにも *coupée* (「林間の空き地」、「舷門」という意味)、*coupage* (「切断」、「(飲料などを) 水で割ること」などという意味) とした答案が見うけられました。couper は対応する名詞が複数ある動詞の好例です。それぞれの名詞がどのような意味を有するのかしっかりおさえましょう。

解 答　(1) gain　(2) préférence　(3) embarras
　　　　(4) déchirure　(5) coupe

練習問題 3

例にならい、次の (1)〜(5) について、**A** のイタリック体の部分を変化させて **B** の (　　) 内に入れると、2 つの文 **A**、**B** がほぼ同じ意味になります。(　　) 内に入れるのに最も適切なフランス語（各 1 語）を、解答欄に書いてください。（例は省略）

(1) **A** Ce n'est pas quelqu'un de *spontané*.
　　B La (　　) n'est pas dans sa nature. 　　　(13)

(2) **A** Elle a dit tout *net* son opinion.
　　B Elle s'est exprimée avec (　　). 　　　(11)

(3) **A** Elle m'a parlé *méchamment*, ça m'a vraiment surpris.
　　B J'ai été très étonné par la (　　) avec laquelle elle m'a parlé. 　　　(14)

(4) **A** Quand il boit, il agit *audacieusement*.
　　B L'alcool lui donne de l'(　　). 　　　(13)

(5) **A** Tout le monde l'aime, car il a l'esprit *large*.
　　B Il est aimé de tout le monde pour sa (　　) d'esprit. 　　　(12)

解説 次に形容詞・副詞の名詞化を見てみましょう。

(1)「あの人は率直な人ではありません」。-té(ité) によって名詞化される形容詞で、同様の例として、efficace → efficacité、obscur → obscurité、propre → propreté などがあります。また、coupable → culpabilité のように、語幹に変化が生じる場合があります。このような場合はとくに気をつけて覚えておくことが必要です。

22

(2)「彼女はきっぱりと意見を述べた」。*nette*、*nettement* と書いた誤答がめだったほか、無回答がかなり見られました。(1)と同様に、-té(ité) によって名詞化される形容詞です。

(3)「彼女が私に意地悪な話し方をしたので、本当に驚いた」。難問だったようで、*méchance* という存在しない単語を記した答案がかなりありました。ほかにも、*méchant*、*méchante*（形容詞です）とした誤答が認められました。

(4)「彼は、酒を飲むと大胆にふるまう」。形容詞形をそのまま使用した *audacieux* にくわえ、*audacité*、*audacieur* などの誤答が見られました。形容詞形から語尾を取ることで名詞化できるパターンで、同様の例として orgueilleux → orgueil、amoureux → amour、courageux → courage などがあります。

(5)「彼は広い心をもっているので、みんな、彼が好きだ」。全体の3割以上が *largement* と誤答していましたが、これは「広く」という副詞です。そのほか、*largesse*、*large* などの誤答もめだちました。*largesse* も large の名詞形ですが、「寛大さ、気前のよさ」という意味になり、ここでは不適当です。

解答　(1) spontanéité　(2) netteté　(3) méchanceté
　　　　(4) audace　(5) largeur

練習問題 4

例にならい、次の(1)～(5)について、**A** のイタリック体の部分を変化させて **B** の（　）内に入れると、2つの文 **A**、**B** がほぼ同じ意味になります。（　）内に入れるのに最も適切なフランス語（各1語）を、解答欄に書いてください。（例は省略）

(1) **A** Beaucoup de gens viennent habiter ce quartier parce que l'école est *proche*.
　　B Ce quartier attire beaucoup de gens en raison de la (　　) de l'école. (13)

(2) **A** Ce qu'il dit est *extravagant*, c'est scandaleux.
　　B On est choqué par l'(　　) de ses propos. (11)

(3) **A** Il lui a présenté des excuses vraiment *sincères*.
　　B Il lui a demandé pardon en toute (　　). (12)

(4) **A** Je ne peux pas supporter qu'il me reproche *rudement* ma conduite.
　　B La (　　) de ses reproches sur ma conduite m'est insupportable. (12)

(5) **A** Sophie est si *distraite* qu'elle ne sait jamais où elle s'est garée.
　　B Par excès de (　　), Sophie oublie toujours où elle a mis sa voiture. (14)

解説　もう1問、形容詞・副詞の名詞化を見てみましょう。

(1)「学校が近いので、たくさんの人々がこの地区に住みにやって来る」。正解は proximité です。語尾こそ -té(ité) ですが、語幹が形容詞とは大きくことなります。*procheté*、*prochement*、*prochesse* などの誤答がめだちました。

(2)「彼の言っていることは大げさで、けしからん」。*extravage*、*extravageance* などの誤答例が数多く見られました。また、-tion、-ment などの名詞化でよく使われる語尾を誤ってつけた例もありました。

(3)「彼は、彼（彼女）にじつに誠実な謝罪をした」。これも、-té(ité) によって名詞化される形容詞で、名詞形は sincérité です。*sincèrité*、*sincerité* などのアクサンミスがひじょうに多く見られました。

(4)「彼が私の行動をきびしく責めたてるのには耐えられない」。副詞 rudement →形容詞 rude →名詞 rudesse となります。誤答として、形容詞形の *rude* を答えた例、-té、-eur、-ion などの語尾をつけた例がめだちました。

(5)「Sophie はぼんやりしすぎて、どこに駐車したか、いつもわからなくなる」。もっとも多かった誤答は *distraitement* でしたが、これでは「ぼんやりと、うわのそらで」という意味の副詞になってしまいます。その他、接尾語 -tion を用いることまでは予測できていても、*distration*、*distraition* などとおしいスペルミスをおかした答案や、*distrait* と形容詞のまま放置した答案が見うけられました。

解　答　(1) proximité　(2) extravagance　(3) sincérité
(4) rudesse　(5) distraction

2

多義語 mot polysémique の知識を問う問題です。2つの文 **A**、**B** が示され、それぞれの文の空欄におぎなう同一の語を、あたえられた語群から選択します。

　語の多義性 polysémie といっても、もちろん辞書のなかだけの話ではなく、この種の知識はきわめて日常的な場面でものをいうことがめずらしくありません。たとえば location という語を見れば、voiture de location「レンタカー」や maison en location「貸家」のように、「賃貸借、リース」という意味をまず思い浮かべます。では bureau de location はどうでしょう？　当然「貸事務所」かと思うとそうではなく、この場合の location は劇場や乗物の席の「予約」の意で、bureau de location はチケットの予約や販売をおこなう「チケットカウンター」、ouverture de location といえば「前売開始」のことになります。

　この問題ではこのように、1つの語について、どれだけその意味の広がりを把握しているかが問われることになります。ただし、ここで問題になるのはあくまで同一語の多義性であって、同じつづりの別の語は出題の対象にはなりません。たとえば、フランスに « Quel est le fruit que les poissons n'aiment pas ? »「魚の嫌いなくだものは？」というクイズがあります。答えは « La pêche. » ですが、これは「桃」と「釣り」をかけたことば遊びです。しかし、この2つは語源のことなる別の語がたまたま現用のフランス語で同じ形をとっているにすぎません（「桃」は「ペルシアのりんご」を意味するラテン語が転じたもの、「釣り」は別のラテン語動詞から派生した動詞 pêcher の名詞形です）。このようなケースは上に述べた多義語にはあたらず、この問題で問われることはありません。

　選択肢として示されるのは10語です。名詞のほか、動詞や形容詞なども出題されますので、解答の際、選択肢を品詞ごとに整理して考えれば、実際には3語から4語のうちから選べばよいことになります。

|練習問題 1|

　次の (1) ～ (5) について、**A**、**B** の（　　　）内には同じつづりの語が入ります。（　　　）内に入れるのにもっとも適切な語を、下の①～⓪のなかから1つずつ選び、解答欄のその番号にマークしてください。ただし、同じものを複数回用いることはできません。

[I] 1次試験の傾向と対策　筆記試験 [2]

(1) **A**　Alain bat la (　　　) en chantant.
　　B　Il faut toujours garder la (　　　) quand on s'exprime publiquement.

(2) **A**　Ce pâtissier a mis ses diplômes dans des (　　　).
　　B　Dans cette société, même les (　　　) ont un salaire très bas.

(3) **A**　C'est une (　　　) vérité, mais on doit l'accepter.
　　B　« Tu as vu ce film ? » — « Oui, il n'est pas (　　　). »

(4) **A**　Je vais d'abord (　　　) leur problème.
　　B　Pouvez-vous nous (　　　) par chèque ?

(5) **A**　Le réalisateur va (　　　) son prochain film à Nice.
　　B　Vous n'avez pas besoin de (　　　) la question dans tous les sens.

　　① cadres　　② caisses　　③ mesure　　④ payer
　　⑤ politesse　⑥ régler　　⑦ sévère　　⑧ sortir
　　⑨ terrible　　⓪ tourner
　　　　　　　　　　　　　　　　　　　　　　(14)

解説　まず(1)〜(5)について、前後の形から空欄に入る語の品詞を判断します。ここでは(1)(2)が名詞、(3)が形容詞、(4)(5)が動詞だということがわかります。選択肢のなかでは、① cadres、② caisses、③ mesure、⑤ politesse が名詞、⑦ sévère、⑨ terrible が形容詞、④ payer、⑥ régler、⑧ sortir、⓪ tourner が動詞です。まず、この区分を念頭にして問題を解いてみましょう。
　(1) 単数の女性名詞が入ることは明らかですから、③ mesure か ⑤ politesse のいずれかが正解となると予測されます。ただし、⑤ politesse については、

27

garder la politesse「礼儀を守る」という表現はあるものの、**A** の文にはうまく入りません。一方、③ mesure は、**A**、**B** 両方に入ります。**A**「Alain は歌いながら拍子をとる」、**B**「公に発言するときは、いつも節度をもたねばならない」という意味になります。mesure はじつに多様な意味をもつ単語で、ここにあるような「拍子」、「節度」の意味以外にも、「測定」、「大きさ」、「（度量の）単位」、複数形で「措置」といった意味があります。

　(2) 名詞の複数形が入ることをふまえると、① cadres あるいは② caisses が候補と考えられます。ただし、**B** の文には② caisses「ケース」、「金庫」、「レジ」は入りませんので、正解は① cadres となります。**A**「その菓子職人は、免状を額縁に入れた」、**B**「この会社では、管理職ですら、とても給料が低い」となります。cadre には、ほかに単数形で「周囲、環境」、「範囲、限界」などという意味もあります。

　(3) 形容詞⑦ sévère、⑨ terrible のいずれかが入ることになりますが、⑦ sévère は **A** には入っても **B** には入りません。しかし、terrible という形容詞には、話しことばで「並々ならぬ、すごい」という意味があることを知っていれば、まよわず、正解が⑨ terrible であると見抜くことができるでしょう。**A**「おそろしい現実だが、受け入れなくてはならない」、**B**「『この映画、見た？』――『ああ、ぱっとしないね』」となります。

　(4) 動詞の不定形が入ります。**B** だけを見ると、④ payer を入れたくなりますが、**A** には入りません。正解をみちびくには、⑥ régler に「（案件、争いなど）を解決する」という意味と「勘定を支払う」という意味があるのを知っているかどうかが鍵になります。**A**「私はまず彼らの問題を解決しようと思う」、**B**「小切手で支払っていただけますか」という意味になります。これ以外に、régler には「…を（最終的に）きめる」、「調整する」などという意味があります。

　(5) (4)同様、やはり動詞の不定形が入ります。**A** だけを見ると、⑧ sortir（他動詞で）「公表する、公開する」が入りそうにも思われますが、**B** にはしっくりきません。しかし、⑩ tourner には「（映画）を撮影する」という意味と、「（問題など）をあらゆる角度から検討する」という意味がありますので、**A**、**B** 双方にうまくあてはまります。文意は、**A**「監督は次回作をニースで撮影する予定だ」、**B**「この問題は、あれこれ吟味する必要がありません」となります。この設問では、tourner une question dans tous les sens という表現を知っているかが正解をみちびく鍵となっています。なお、tourner に

は「…を回す」、「(材料など) を混ぜ合わせる」、「…の向きを変える」、「(ことばなど) をたくみにあやつる」などさまざまな意味がありますので、用例もふくめ、辞書で確認してください。

[解 答] (1) ③　(2) ①　(3) ⑨　(4) ⑥　(5) ⓪

[練習問題 2]

次の(1)～(5)について、**A**、**B**の (　　) 内には同じつづりの語が入ります。(　　) 内に入れるのにもっとも適切な語を、下の①～⓪のなかから1つずつ選び、解答欄のその番号にマークしてください。ただし、同じものを複数回用いることはできません。

(1) **A** Ces (　　) sont si difficiles que vous ne les comprendrez jamais.
　　B Le premier ministre n'est pas en bons (　　) avec le président.

(2) **A** Cette pomme n'est pas mûre, elle a encore un goût (　　).
　　B Leur négociation a été (　　), mais ils ont fini par se mettre d'accord.

(3) **A** Il ne sait pas comment (　　) la tente.
　　B On doit d'abord (　　) la liste des choses à faire.

(4) **A** Il vaut mieux manger beaucoup de fruits (　　).
　　B Les matins sont encore (　　) au début du printemps.

(5)　**A**　L'employé m'a demandé de (　　) mon identité.
　　B　Paul n'a pas pu (　　) l'invitation de son supérieur.

① acide　② âpre　③ créer　④ décliner　⑤ dresser
⑥ échos　⑦ frais　⑧ purs　⑨ rejeter　⓪ termes

(13)

解説　まず(1)〜(5)について、前後の形から空欄に入る語の品詞を判断します。ここでは(1)が名詞、(2)(4)が形容詞、(3)(5)が動詞だということがわかります。選択肢のなかでは、⑥ échos、⓪ termes が名詞、① acide、② âpre、⑦ frais、⑧ purs が形容詞、③ créer、④ décliner、⑤ dresser、⑨ rejeter が動詞です。まず、この区分を念頭にして問題を解いてみましょう。

(1) 複数形の男性名詞が入ることを理解しましょう。⓪ termes は、**A** のように、ある分野の「(専門)用語」を意味するほか、**B** のように、複数形で「間柄、関係」を意味します。être en bons (mauvais) termes avec 〜「〜とよい(悪い)関係にある」という表現を覚えましょう。terme には「期限、期日」という意味もあります。

(2) 形容詞の女性単数形が入ることに気づきましょう。**A** には、味覚にかかわる形容詞として、「酸っぱい」という意味の ① acide も、「えぐい」という意味の ② âpre も入りますが、**B** の文で「交渉」を形容する場合に適切なのは、「激しい、きびしい、過酷な」という意味をもつ âpre です。acide はむしろ、発言などを形容する際に「辛辣な、手きびしい」という意味で用いられます。

(3) 動詞の不定形が入ります。③ créer を、単に「作る」という意味で理解してしまうと、両方にあてはまりそうに見えますが、一般的に「テントの張り方」という場合には適切ではありません。⑤ dresser には、「組み立てる」、「(文書などを)作成する」という意味があり、「テント」と「リスト」の両方を目的語とする動詞として、もっとも適切です。dresser には、「(動物を)調教する」、「(兵士や子どもを)訓練する」という意味もあります。

(4) 形容詞の男性複数形が入ります。⑧ purs も入りそうに見えますが、適切なのは、「新鮮な」という意味と、「肌寒い」という意味をもつ ⑦ frais です。

(5) 動詞の不定形が入ります。⑨ rejeter は、**B** にはあてはまりますが、**A**

に入れると不自然な文になってしまいます。④ décliner は、自動詞として「傾く」を意味し、他動詞としては「辞退する」および「(氏名、肩書きなどを) 名のる」という意味をもちます。décliner son identité「身分を明らかにする」という表現を知っているかどうかがポイントです。また、décliner には、「語尾を変化させる」という意味もあり、その名詞形 déclinaison は、フランス語で書かれた文法書を手に取ったことのある人にはおなじみの単語でしょう。

解答　(1) ⓪　(2) ②　(3) ⑤　(4) ⑦　(5) ④

練習問題3

　次の(1)～(5)について、**A**、**B** の（　　）内には同じつづりの語が入ります。（　　）内に入れるのにもっとも適切な語を、下の①～⓪のなかから1つずつ選び、解答欄のその番号にマークしてください。ただし、同じものを複数回用いることはできません。

(1)　**A**　C'est une amie très (　　) : elle me ramène toujours des cadeaux.

　　　B　Il est obligé de rester à la maison, à cause de sa santé (　　).

(2)　**A**　Il faudra (　　) nos prisonniers.

　　　B　Je ne peux pas vous (　　) votre carte de séjour.

(3)　**A**　La chatte d'Olivier est vraiment (　　), il la nourrit trop.

　　　B　Sa sœur a une (　　) situation dans une entreprise de transports.

2016 年度版準 1 級仏検公式ガイドブック

(4) **A** Plusieurs pays ont déjà pris des (　　) contre cette épidémie.

　B Tout le monde me dit que mon fils a des (　　) pour la musique.

(5) **A** Selon le journal, un facteur aurait jeté une centaine de (　　).

　B Votre cousin est-il professeur de (　　) ?

① avare　　　② colis　　　③ délicate　　　④ délivrer
⑤ dispositions　⑥ grande　⑦ grosse　　　⑧ lettres
⑨ libérer　　⓪ mesures

(12)

解説　まず(1)〜(5)について、前後の形から空欄に入る語の品詞を判断します。ここでは(1)(3)が形容詞、(2)が動詞、(4)(5)が名詞だということがわかります。選択肢のなかでは、① avare、③ délicate、⑥ grande、⑦ grosse が形容詞、② colis、⑤ dispositions、⑧ lettres、⓪ mesures が名詞、④ délivrer と⑨ libérer が動詞です。まず、この区分を念頭にして問題を解いてみましょう。

　(1) 女性形の形容詞が入ることを理解しましょう。また、選択肢の形容詞もすべて女性形です（① avare は男性形、女性形とも同じスペルです）。文意を考えてみると、**A** では彼女が「いつも私に手みやげを持ってきてくれる」友人であること、**B** では彼が健康上の理由で「家にいなければいけない」ことがわかります。**A**、**B** 両方の文に入るのは③ délicate だけです。形容詞 délicat にはいわゆる「デリケートな」、すなわち「微妙な」や「繊細な」という意味のほかに、**A** のように「こまやかな、思いやりのある」というおもに性格面で用いられる意味、**B** のように「虚弱な、過敏な」という健康面や体質面で用いられる意味があります。

　(2) 不定形の動詞が入りますから、④ délivrer か⑨ libérer かの二択になります。**A** には、「解放する」という意味で、どちらの動詞も入りますが、**B** には「交付する、発行する」という意味をもつ délivrer しか入りません。文

32

意は、**A**「われわれの捕虜を解放しなくてはならない」、**B**「あなたに滞在許可証を交付することはできません」となります。ちなみに、よく似たつづりの動詞に、livrer「配達する、引きわたす」や délibérer「討議する、審議する」などがあります。混同しないように注意してください。

(3) 形容詞が入りますが、**A**、**B** 両方に入れられる形容詞は ⑦ grosse です。**B** では形容詞が名詞の前に置かれていることも判断材料のひとつになるでしょう。文意は、**A**「Olivier の猫はとても太っている。エサをやりすぎているからだ」、**B**「彼のお姉さんは、交通企業でひじょうに重要な地位にある」です。形容詞 gros は、**A** のように「太っている」という意味もあれば、**B** のように（とくに人について）「大変な、すごい」という意味もあります。後者の例には gros fumeur「ヘビースモーカー」、gros industriel「大実業家」などがあります。grosse situation は「重要な地位」という意味です。situation には地理的な「位置」、社会や国の「状況」という意味のほかに、人の「立場」や「社会的地位、役職」の意味があることもあわせて覚えておきましょう。

(4) 複数名詞が入ります。**A** には ⓪ mesures「措置、方策」も考えられますが、**B** に入るのは ⑤ dispositions だけです。disposition には「配置」や「使用」という意味のほか、複数形で「気持ち」、「素質、才能」、「措置、準備」という意味もあります。実際の試験では、**B** が音楽の話題で、mesure に「拍子」という意味もあるため、まちがってこちらを選んでしまった解答がめだちました。文意は、**A**「すでにいくつかの国はこの伝染病への対抗措置を講じた」、**B**「みんな、私の息子には音楽の素質があると言ってくれます」となります。

(5) 複数名詞が入ります。**A** が郵便配達に関する話題ですので、② colis か ⑧ lettres で迷うかもしれません。名詞 lettre には「文字」や「手紙」という意味のほかに、複数形 lettres で「文学」という意味もあり、faculté des lettres「（大学の）文学部」や lettres modernes「現代文学」のように使われます。したがって、**A**、**B** 両方に入るのは ⑧ lettres しかありません。文意は、**A**「新聞によると、ある郵便配達員が 100 通ほどの手紙を捨てたそうだ」、**B**「あなたのいとこは文学の先生なのですか？」となります。

解 答 (1) ③　(2) ④　(3) ⑦　(4) ⑤　(5) ⑧

練習問題 4

次の(1)〜(5)について、**A**、**B**の（　　）内には同じつづりの語が入ります。（　　）内に入れるのにもっとも適切な語を、下の①〜⓪のなかから1つずつ選び、解答欄のその番号にマークしてください。ただし、同じものを複数回用いることはできません。

(1) **A**　Agathe fait ses courses dans une grande (　　).
　　B　Mon appartement a une (　　) de 100 mètres carrés.

(2) **A**　Brice a été arrêté pour avoir fait du (　　) d'armes.
　　B　Le (　　) est perturbé sur le boulevard à cause d'un accident.

(3) **A**　Elle a repoussé d'un ton (　　) la proposition de son ami.
　　B　Laissez le linge sur le balcon jusqu'à ce qu'il soit (　　).

(4) **A**　Il a composé un chœur à (　　) mixtes.
　　B　Il a eu assez de (　　) pour être élu au premier tour.

(5) **A**　Je trouve cette caissière pas très (　　), elle est même désagréable.
　　B　Mon portable est vraiment (　　) pour parler avec mes amis.

　　① chaleureux　② commode　③ mesures　④ pièce

⑤ sec　　　　⑥ sensible　　⑦ service　　⑧ surface
⑨ trafic　　　⓪ voix

(11)

解説　まず(1)〜(5)について、前後の形から空欄に入る語の品詞を判断します。ここでは(1)(2)(4)が名詞、(3)(5)が形容詞ということがわかります。このなかで②commode は名詞なのか形容詞なのか一見しただけでは判断ができませんが、③ mesures、④ pièce、⑦ service、⑧ surface、⑨ trafic、⓪ voix は明らかに名詞、① chaleureux、⑤ sec、⑥ sensible は形容詞です。まずはこの区分を念頭に問題を解いてみましょう。

(1) 単数の女性名詞が入ることは明確ですので、考えられるのは④ pièce か⑧ surface か⓪ voix（もちろん、これが単数か複数かはこの段階では判断できません）の3つです。④ pièce は **B** の文には入りますが、**A** の文には入りません。**A**、**B** 両方に入るのは⑧ surface です。**A**「Agathe は大型ショッピングセンターで買い物をする」、**B**「私のアパートは面積100平方メートルです」という意味になります。surface は「表面、面積」ですが、grande surface は「大型ショッピングセンター、大規模小売店」を意味します。grand magasin「デパート」ほどなじみのない表現かもしれませんが、実際にはよく使われています。またこれに関連して、supérette「(120〜400m² の) 小規模スーパーマーケット」、hypermarché「(2,500m² 以上の) 大規模スーパーマーケット」などの単語も覚えておきましょう。

(2) 単数の男性名詞が入りますので、⑦ service か⑨ trafic のどちらかに限定されます。文意から考えると、⑨ trafic が入ることがわかります。**A**「Brice は、武器の密売をおこなったために逮捕された」、**B**「事故のせいで大通りが交通渋滞している」という意味になります。「不正取引、密売」の意味の trafic は、ほかに trafic des stupéfiants「麻薬の密売」、trafic d'esclaves「奴隷売買」のように使われ、動詞形は trafiquer です。

(3) 形容詞が入りますが、**B** が洗濯物が話題となっているので⑤ sec が入るのではないかと、おおよその見当がつくと思います。文意は、**A**「彼女はぶっきらぼうな口調で、友人の提案をはねつけた」、**B**「洗濯物が乾くまで、バルコニーに干しておきなさい」となります。sec はきわめて多義的な形容詞で、「ぶっきらぼうな」や「乾燥した」を意味するほかに、たとえば du

35

vin blanc sec といえば、「辛口の白ワイン」ですし、un vieillard sec といえば「やせこけた老人」になります。辞書で意味の確認をしてみましょう。

 (4) 複数の名詞が入りますが、考えられるのは③ mesures か⓪ voix のどちらかです。文意から判断すれば、⓪ voix が入ることがわかるでしょう。**A**「彼は男女混声の合唱曲を作曲した」、**B**「彼は十分な票を獲得し、第 1 次選挙で選ばれた」です。voix は「声」や「(選挙の)票」を意味するほか、文法用語で受動態や能動態の「態」の意味もあります。単数複数が同形ですが、ここでは複数で使われています。

 (5) 男性形、女性形とも同じつづりの形容詞が入ることに気づいてください。したがって、② commode か⑥ sensible になります。文意を考えると、正解は② commode です。**A**「あのレジ係は、あまり感じがよくないどころか、不快だと思う」、**B**「私の携帯電話は、友だちと話すのにはとても便利だ」という意味になります。形容詞 commode は人に対して使われるときは、**A** のように、おもに否定文のなかで使われます。

[解答] (1) ⑧　(2) ⑨　(3) ⑤　(4) ⓪　(5) ②

3

文意に応じて適切な**前置詞**を選択する問題です。短文の空欄に、選択肢としてあたえられた前置詞をおぎなう形で解答します。

この問題では前置詞そのものの用法にくわえ、成句や語法など、幅ひろい知識が問われることになります。de、à、dans、pour、sur など、ひんぱんに用いられる基本的な前置詞については、複数の辞書にあたっておもな用法を整理しておかなければなりません。成句的表現のほか、多義的な動詞や形容詞と前置詞の結びつきにはとくに注意が必要です。

練習問題 1

次の(1)～(5)の(　　)内に入れるのにもっとも適切なものを、下の①～⓪のなかから1つずつ選び、解答欄のその番号にマークしてください。ただし、同じものを複数回用いることはできません。

(1) À cause du soleil, les rideaux ont changé (　　) couleur.

(2) Béatrice a eu ces chaussures (　　) presque rien.

(3) Ils ont soulevé la voiture (　　) plusieurs pour la déplacer.

(4) Ma sœur est (　　) l'incertitude la plus complète sur ce qu'elle fera plus tard.

(5) On l'a crue (　　) parole mais on a eu bien tort.

① à　　② avant　　③ dans　　④ de　　⑤ en
⑥ entre　⑦ par　　⑧ pour　　⑨ sur　　⓪ vers

(14)

解説 (1)「陽ざしのせいで、カーテンが変色した」。changer de ＋無冠詞名詞で、「〜を変える」という表現を知っているかどうか問う設問です。changer d'air「気分転換をする」、changer d'avis「意見を変える」、changer de travail「転職する」、changer de train「電車を乗りかえる」などといった表現は、日常でもよく使うものです。

(2)「Béatrice は、この靴をただ同然で手に入れた」。ここで pour は交換、代価、代償を示す機能をはたし、「〜に、〜と交換に、〜のうめ合わせとして」という意味になります。例文としては、Qu'est-ce qu'on peut acheter pour dix euros ?「10 ユーロで何が買えるだろう？」などがあげられます。成句としての pour rien には、「ただ同然で」という意味だけでなく、「むだに」、「つまらない理由で」などの意味があり、たとえば、On fait du bruit pour rien.「空騒ぎする」、Ce n'est pas pour rien que ce restaurant est plein tous les jours.「このレストランが毎日満員なのには、それなりのわけがある」というふうに使います。

(3)「彼らは何人かで車をもちあげて移動させた」。à plusieurs で「何人かで（いっしょに）」という意味になります。À plusieurs, ce sera plus simple.「何人かでやれば、もっと簡単だろう」などと用いられます。ここで前置詞 à は人数、共同、協力を示す機能をはたし、「〜人で、〜人いっしょに」という意味になります。例文としては、Ils vivent à quatre dans un studio.「彼らは 4 人でステュディオに住んでいる」などがあげられます。反対に、à moi seul「私ひとりで」のように、協力者の欠如を表わす表現も覚えておくとよいでしょう。

(4)「私の妹（あるいは姉）は、将来何をするか、まったく決心がつかない」。状態、状況を表わす dans の用法を理解しているかどうか確かめる設問です。「〜な状態で、〜に包まれて」という意味になります。ほかに、Un enfant sur quatre vit dans la misère aux États-Unis.「アメリカ合衆国では子どもの 4 人に 1 人が貧困のなかで生活している」、Nous sommes dans l'attente de votre visite.「あなたがいらっしゃるのを待っています」というような用例があげられます。

(5)「彼女の言うことを鵜呑みにしたが、そうしたのは本当にまちがいだった」。croire ＋人＋ sur parole で「ことばだけで…を信じる」という意味になります。ここで前置詞 sur は根拠、保障を示す機能をはたし、「…にもとづいて、…にかけて」という意味になります。たとえば、Il ne faut pas

[I] 1次試験の傾向と対策　筆記試験 3

juger sur la mine.「人をみかけで判断してはいけない」などと使われます。

解　答　(1) ④　(2) ⑧　(3) ①　(4) ③　(5) ⑨

練習問題 2

次の(1)〜(5)の（　　）内に入れるのにもっとも適切なものを、下の①〜⓪のなかから1つずつ選び、解答欄のその番号にマークしてください。ただし、同じものを複数回用いることはできません。

(1) Des vêtements ? Je m'en achèterai (　　) nouveaux.

(2) J'épargne (　　) mes dépenses de nourriture pour déménager.

(3) Julien t'expliquera (　　) détail le fonctionnement du système de sécurité.

(4) Les journalistes ont fait le parallèle (　　) les deux attentats.

(5) Lors des exercices, les soldats se mettent (　　) plat ventre.

① à　② contre　③ dans　④ de　⑤ en
⑥ entre　⑦ envers　⑧ sauf　⑨ sous　⓪ sur

(13)

解　説　(1)「服ですか？自分で新しいのを買うつもりです」。中性代名詞 en と、そのあとにくる形容詞を連結するために de を用いるケースです。de

39

のかわりに des を用いることもありますが、de のほうが正しく優雅な形とされています（この de を前置詞ではなく冠詞と見なす学者もいます）。いずれにせよ、中性の語（quelque chose、quelqu'un、quoi、rien など）と形容詞を連結する de の用法とあわせて覚えておくとよいでしょう。また、à nouveau「あらためて、ちがったやり方で」、de nouveau「ふたたび、もう一度」という成句と混同しないようにしましょう。

(2)「引越しをするために、私は食費を切り詰めています」。動詞 épargner は、目的語をとる場合は、「(〜を) 節約する」、「(〜を) 容赦する」という意味になりますが、目的語なしで前置詞 sur とともに用いると、「〜のなかから差し引いて（〜をけずって）貯金する」という意味になります。このように、sur という前置詞は、「〜のうえに」（位置）、「〜について」（主題）のほかに、「〜のなかから」（抽出）の意味で用いられることもあります。impôt sur le revenu「所得税」は、所得のうちから引かれる税金です。

(3)「Julien が君に防犯システムの使い方をくわしく説明してくれます」。「くわしく」という意味の成句 en détail を知っていれば、正解は容易でしょう。ちなみに、au détail は「小売りで」という意味になり、その反対語「卸売りで」は、en gros といいます。

(4)「記者たちは、この 2 つのテロ事件を比較検討した」。faire un parallèle entre A et B で、「A と B を比較検討する」という意味です。似た表現として、faire la distinction entre A et B「A と B を区別する」があります。

(5)「訓練のとき、兵士たちは腹ばいになる」。ventre という語から「腹」にかかわる姿勢だと類推できたのでしょうが、そのせいで、⑨ sous や ⓪ sur を選んだり、あるいは無冠詞名詞の前に置かれることの多い ⑤ en を選んだケースがめだちました。à plat ventre「腹ばいに、うつぶせになって」という成句とあわせて、à plat「平らに」という成句も覚えておきましょう。

解答 (1) ④　(2) ⓪　(3) ⑤　(4) ⑥　(5) ①

練習問題 3

次の (1) 〜 (5) の (　　) 内に入れるのにもっとも適切なものを、下の ① 〜 ⓪ のなかから 1 つずつ選び、解答欄のその番号にマークしてください。ただし、同じものを複数回用いることはできません。

[I] 1次試験の傾向と対策　筆記試験 ③

(1) Agit (　　　) le coup de l'émotion, ça peut coûter cher !

(2) Elle est insensible (　　　) les autres.

(3) Je me bornerai (　　　) dire qu'il n'est pas innocent.

(4) Notre ville est petite (　　　) la taille, mais elle est très belle.

(5) Victor s'est trompé (　　　) les intentions de son père.

① à　　② avant　　③ contre　　④ dans　　⑤ de
⑥ en　　⑦ envers　　⑧ par　　⑨ sous　　⓪ sur

(12)

解　説　(1)「感情のままに行動すると、高くつくかもしれないよ！」。sous le coup de ～ は「～におびやかされて、～の影響下で」という意味です。coup を用いた表現は多く、tout à coup（または tout d'un coup）「突然」、sur le coup「すぐに」、à coups de ～「～を使って」などがあります。辞書でいろいろと調べてみましょう。coûter cher は「（値段が）高くつく」から転じて「大きな代償（や犠牲）をはらう」という意味で使われます。

(2)「彼女は他人に対して冷淡だ」。envers は「～に対して」という意味の前置詞で、Il est très gentil envers les femmes.「彼は女性に対してとても親切だ」のように使われます。insensible の反対は sensible で、à をともなって、Elle est insensible à la douleur des autres.「彼女は他人の苦しみに無関心だ」、Mon père est sensible à la poésie.「私の父は詩心がある」などと使われます。

(3)「彼は無実ではない、と言うだけにしておきます」。borner は「（～の）境界線を定める」という意味の動詞ですが、se borner à ～ は「～にとどめる、限定する」という意味になります。名詞をともなって Mon séjour à Paris s'est borné à trois nuits.「私のパリ滞在は3泊のみでした」のようにも使われますし、設問文のように不定形の動詞がつづく場合もあります。同じよう

41

な表現に se limiter à ～ があります（例：Je me limiterai ici à parler de l'essentiel.「ここでは要点を述べるだけにしておきます」）。

　(4)「私たちの町は面積は小さいが、とても美しい」。par はさまざまな意味がある前置詞ですが、ここでは「～において、～の面で」という意味です。Patrice est grand par le talent et par l'intelligence.「Patriceは才能と知性において偉大である」のように用いられます。

　(5)「Victor は父の真意を見誤った」。se tromper sur ～ で「～に関して思いちがいをする」という意味です。なお、se tromper de ＋無冠詞名詞は「～をとりちがえる」という意味で、Je me suis trompé de route.「私は道をまちがえた」や Vous vous trompez de numéro de téléphone.「電話番号をまちがえていますよ」のように用いられます。

解　答　(1) ⑨　(2) ⑦　(3) ①　(4) ⑧　(5) ⓪

練習問題 4

　次の(1)～(5)の（　　　）内に入れるのにもっとも適切なものを、下の①～⓪のなかから1つずつ選び、解答欄のその番号にマークしてください。ただし、同じものを複数回用いることはできません。なお、①～⓪では、文頭にくるものも小文字にしてあります。

(1) Cette semaine, le temps sera variable (　　　) quelques averses.

(2) Mon chien est méchant (　　　) l'occasion.

(3) On ne doit pas passer (　　　) silence ce crime contre la liberté.

(4) Tu as raison, du moins (　　　) certains côtés.

(5) (　　) l'ensemble, l'oral s'est bien passé.

① à　　② avec　　③ dans　　④ de　　⑤ en
⑥ par　　⑦ pendant　　⑧ sous　　⑨ sur　　⓪ vers

(11)

解説　(1)「今週は天気が変わりやすく、にわか雨が降ることもあるでしょう」。avec quelques averses の部分は直訳すると「いくらかのにわか雨をともないつつ」です。フランス語と日本語で表現するときのちょっとしたちがいにとまどってしまうと、正解がみちびき出せない可能性があります。variable を使った表現では、L'augmentation des salaires est variable selon les individus.「昇給は人によってばらつきがある」、En français, l'adjectif qualificatif est variable en genre et en nombre.「フランス語では、品質形容詞は性・数の変化をする」のような用例にも注意しておいてください。

　(2)「私の犬はときどき獰猛になります」。à l'occasion は「ときには、機会があれば」の意味で使われています。Tu viendras me voir à l'occasion.「機会があれば、会いにきてね」などのように使われます。また、Je le ferai à la première occasion.「機会があればすぐ、それをするつもりです」のような使い方もあります。同じ occasion を用いた表現としては、d'occasion「中古の、一時的な」や pour l'occasion「そのおりに、その機会のために」もあります。

　(3)「自由に対しておかされたあの犯罪を、黙って見すごしてはなりません」。passer ~ sous silence で「~について口を閉ざす、~にふれずにおく」となります。silence を使った熟語的な表現としては、ほかに dans le silence「ひそかに、秘密裏に」や en silence「静かに、黙々と」などがあります。

　(4)「少なくともある面では、君は正しい」という意味です。côté には、à côté de ~「~のそばに」、de ce côté「こちらのほうへ、この点に関しては」、sur le côté「横に、横倒しに」など、さまざまな前置詞をともなった熟語的な表現があります。ここで côté は「側面、局面」の意味で使われていて、par certains côtés で、「ある面では」という意味になります。また、この意味では、Son métier a de bons côtés.「彼の仕事にはいい面もある」や、Malgré tous ses mauvais côtés, j'aime bien mon frère.「いろいろ欠点はあるけれど、

私は兄のことがとても好きです」のような用例もあります。ちなみに、côté と似かよった単語に、cote、coté(e)、côte などがあります。まぎらわしいですが、それぞれを辞書で確認して、きちんと区別して覚えておいてください。

(5)「全体的に、口述試験はうまくいった」という意味です。dans l'ensemble は、「全体的には、おおむね」を意味する熟語的表現です。これと少し似ていますが、区別して覚えておきたいのは dans son ensemble で、こちらは「完全に、全面的に」の意味です。On va étudier cette question dans son ensemble.「この問題を徹底的に検討するつもりだ」のように使います。なお、口述試験は l'oral ですが、筆記試験は l'écrit といいます。

解　答　(1) ②　(2) ①　(3) ⑧　(4) ⑥　(5) ③

[I] 1次試験の傾向と対策　筆記試験 4

4

ある程度の長さの文章を読んで文脈に合う**動詞を選択し、適切な形にして文中の空欄におぎなう**問題です。準1級では例年15行程度の文章が出題されています。設問は5ヵ所、選択肢として示される動詞は8つです。

この問題では論旨に沿った文章の読解力と、動詞の用法に関する知識の2つが同時に要求されます。この2つの要素はもちろん別個のものではなく、とりわけ事実関係について述べた文章では、ひとつひとつの動詞の法や時制のもつ意味をおさえなければ文章の展開を正確にたどることはできません。

動詞の法・時制の用法はさまざまですが、なかでも次のようなケースはこの問題でもしばしば問われており、注意が必要です。

① 不定詞や現在分詞の複合形
② 複合過去と半過去の使い分け
③ 推測・反語など、単独で用いられる条件法
④ 従属節における時制の一致（過去における現在を表わす半過去、過去おける未来を表わす条件法現在など）
⑤ 接続法が要求される場合

ここでは実際の出題例に則しておもな法と時制の用法を確認し、過去分詞の一致など、解答の際に留意すべき点を見ていくことにしましょう。

練習問題 1

次の文章を読み、（　1　）〜（　5　）に入れるのにもっとも適切なものを、下の語群から1つずつ選び、必要な形にして解答欄に書いてください。ただし、同じものを複数回用いることはできません。

C'est un péché de gourmandise qui a mis un terme à l'activité d'un gros SDF* lyonnais de 55 ans. Il portait un beau manteau de fourrure et une élégante veste de grande marque, mais une chemise toute (　1　) et un pantalon usé aux genoux. L'homme (2) jeudi par les gendarmes alors qu'il mangeait des cerises dans une propriété privée, près d'Avignon.

L'affaire (3) là si les gendarmes n'avaient pas découvert que le SDF était en fait recherché par la police pour deux raisons. La première, c'est que les tribunaux l'(4) à sept mois de prison qu'il n'avait jamais effectués. La seconde, c'est un mandat** de recherche lancé dans le cadre de l'enquête pour un vol commis dans les bureaux d'une entreprise strasbourgeoise. Le cambriolage s'était déroulé dans la nuit du 21 au 22 octobre 2013. L'individu, qui avait pris 3 000 euros en espèces, avait laissé derrière lui quelques traces qui avaient permis de l'identifier. Encore (5)-il le retrouver.

*SDF：ホームレス

**mandat：令状

condamner	déchirer	falloir	interpeller
s'arrêter	se trouver	valoir	voler

(14)

解説 アヴィニョン近くの私有地で職務質問されたホームレスが、じつはすでに別の事件で指名手配されていたという話です。本文は2つの段落から構成されており、第1段落では、ホームレスの身なりや職務質問の経緯が語られ、第2段落では、ホームレスがすでに指名手配されていた理由が2つ述べられています。動詞および時制の選択をきめるときの助けになりますので、全体の構成と内容を前もって把握してから解答にとりかかりましょう。

(1) Il portait un beau manteau de fourrure et une élégante veste de grande marque, mais une chemise toute (1) et un pantalon usé aux genoux.「彼は見事な毛皮のコートと高級ブランドの優雅なジャケットを着ていたが、シャツはすっかりぼろぼろで、ズボンはひざがすり切れていた」

46

8割以上の受験者が正しい動詞 déchirer を選んでいました。また、une chemise toute (1) という一節のあとに、un pantalon usé aux genoux とあり、un pantalon「ズボン」を修飾するのに user「～をすり減らす」という動詞の過去分詞が用いられていますので、une chemise にかかる動詞 déchirer「引き裂く、破る」も同様に過去分詞形にすればよいと予測がたてられるでしょう。正解は déchirée です。性数一致を忘れ、*déchiré* とした答案、スペルミスをおかし、*de̱chirée* とした答案も散見されましたが、全体としてできは良好でした。なお、文脈から想像して、*volée*「盗んだ」とした答案もありましたが、カッコの直前にある toute「すっかり」との組み合わせから考慮し、ふさわしくないと判断すべきところです。

(2) L'homme (2) jeudi par les gendarmes alors qu'il mangeait des cerises dans une propriété privée, près d'Avignon.「男は木曜日、アヴィニョン近郊の私有地でサクランボを食べているところを憲兵に職務質問された」

選ぶべき動詞は interpeller です。par les gendarmes「憲兵に（よって）」という一節に注目すると、受動態にすべきだと判断されるでしょう。また、ここでは憲兵による職務質問という出来事は、過去に完了した出来事として語られていますので、時制は直説法複合過去形にします。したがって正解は a été interpellé となります。この動詞は受験者にはあまりなじみがなかったのでしょうか。*s'arrêter* を選んだ受験者が4割以上を占め、結果としてもっとも多い誤答は *s'est arrêté* となりました。arrêter「逮捕する」と s'arrêter「立ち止まる」を混同してしまったのが原因と推測されます。

(3) L'affaire (3) là si les gendarmes n'avaient pas découvert que le SDF était en fait recherché par la police pour deux raisons.「そのホームレスがじつは2つの理由で警察から指名手配されていることを憲兵が発見しなかったら、事件はそれで終わっていただろう」

選ぶべき動詞は s'arrêter です。また、条件節で si les gendarmes n'avaient pas découvert [...] と découvrir の直説法大過去形が用いられていますので、主節では、代名動詞 s'arrêter を条件法過去形に活用させればよいとわかるでしょう。また主語が女性単数ですので、過去分詞を女性単数に性数一致させます。正解は se serait arrêtée となります。しかし、s'arrêter「止まる、終わる」を選べた受験者は1割程度にとどまり、4割以上の受験者が *se trouver* を選んでいました。副詞 là「そこ」との親和性から類推したと考えられます。そのため *s'est trouvée* とした誤答がかなり認められました。

47

(4) La première, c'est que les tribunaux l'(4) à sept mois de prison qu'il n'avait jamais effectués.「第1の理由は、彼が裁判で禁固7ヵ月の刑に処せられていたのに、それまで服役していなかったことである」

　代名詞 l' と il は、ホームレスを指します。「裁判所」が主語なので、選ぶべき動詞は condamner だと容易に気づけるでしょうし、実際、半数以上の受験者がこの動詞を選んでいました。ところが、正しい時制に活用させるところでの誤りが多く、正答率は18％にとどまりました。もっとも多かった誤答が *ont condamné* です。しかし、ここではホームレスがサクランボを盗み食いしているところを職務質問された時点、すなわち過去のある時点ですでに完了している出来事（7ヵ月の禁固刑に処せられていること）を語っているわけですから、直説法大過去形がもっとも適切と言えます。正解は、avaient condamné となります。

(5) L'individu, qui avait pris 3 000 euros en espèces, avait laissé derrière lui quelques traces qui avaient permis de l'identifier. Encore (5)-il le retrouver.「現金で3000ユーロ奪った犯人は、身元を突き止めるのを可能にする痕跡をいくらかあとに残していた。とはいえ、やはり本人をみつけなくてはならなかったのである」

　Encore faut-il ＋不定法で「とはいっても、〜すべきである」という意味になりますが、実際、8割以上の受験者が falloir を選んでいました。ただし、正解にいたるには、時制に配慮する必要があります。直説法現在 *faut* と記した答案が5割超ありましたが、これでは、「とはいえ、やはり本人をみつけるべきである」、すなわち、犯人はまだみつかっていない状況にあることになります。ところが、設問文を読み進めると明らかになるとおり、「犯人」はアヴィニョンでサクランボを盗み食いしているところを職務質問されたホームレスですから、矛盾が生じます。正解は、falloir の直説法半過去形 fallait です。そうすると、「強盗現場に痕跡は残されていたが、事件を解決するには、やはり痕跡だけでなく本人をみつけなければならなかった（そして、とうとう本人が発見された）」というニュアンスが出ます。

解　答　(1) déchirée　(2) a été interpellé　(3) se serait arrêtée
　　　　　(4) avaient condamné　(5) fallait

練習問題 2

　路面電車 (tramway) の運転手が語る次の文章を読み、(1) ～ (5) に入れるのにもっとも適切なものを、下の語群から1つずつ選び、必要な形にして解答欄に書いてください。ただし、同じものを複数回用いることはできません。

　Samedi soir, je conduisais le tramway qui dessert un quartier pauvre de la ville. Un collègue m'avait averti qu'un groupe de jeunes était rassemblé à la station suivante et m'(1) d'être prudent. Avant d'arriver à la station, j'ai aperçu une barrière de chantier déposée sur les rails*. J'ai été obligé d'arrêter le tramway. À ce moment-là, une dizaine de jeunes se sont mis à jeter des pierres sur le tramway. J'ai ouvert les portes aux voyageurs en leur demandant d'évacuer les lieux tout de suite. Heureusement, aucun d'entre eux n'(2) en s'enfuyant.

　Entre-temps, un jeune avait envoyé un cocktail Molotov** et le tramway avait pris feu. J'(3) fuir mais je me suis dit que, mes passagers (4), mon second devoir était de sauver le tramway puisque j'en avais la responsabilité. J'ai donc pris un extincteur*** pour éteindre les flammes. Ensuite, j'ai retiré la barrière déposée sur les rails. Bien que toujours entouré par les jeunes, j'ai voulu leur montrer que ce genre de comportements était inacceptable. J'ai ainsi démarré le tramway à toute allure. Après avoir passé trois stations, je (5) soulagé de ne plus être dans ce quartier. Quand je suis rentré au bureau, il y avait la police qui m'a félicité et mes chefs m'attendaient aussi pour me dire bravo !

2016 年度版準 1 級仏検公式ガイドブック

　　　　　　　　　　　　　　＊rail：レール
　　　　　　　　　　　　＊＊cocktail Molotov：火炎ビン
　　　　　　　　　　　　＊＊＊extincteur：消火器

avoir	blesser	dire	ignorer
pouvoir	s'embarrasser	se sentir	sortir

(13)

　解説　路面電車の運転手が、貧困地区を通過中に若者グループから投石されたにもかかわらず、落ちついて乗客を避難させ、無事に車両も救ったという内容の文章です。本文は 2 つの段落から構成されており、第 1 段落では、運転手が同僚から「次の駅に若者グループが集まっている」と警告されたのち、その駅にさしかかると、レールに柵が敷かれていたので停車せざるをえなかったこと、10 数名の若者が車両に向かって投石を始めたが、運転手がドアを開けて乗客を避難させたことが語られます。第 2 段落では、乗客が逃げる間に若者のひとりが投げた火炎ビンによって車両に火がつき、運転手が消火したこと、若者にとりまかれながらも、冷静にレール上の柵を取り除いて列車を発進させ、事務所にもどって警察と上司から賞讃されたことが述べられています。

⑴ Un collègue m'avait averti qu'un groupe de jeunes était rassemblé à la station suivante et m'(　1　) d'être prudent.「同僚が私に、次の駅に若者グループが集まっていると警告し、慎重になるよう助言してくれていました」

　選ぶべき動詞は dire です。demander などと似た、dire à + 人 + de + 不定法「～に～するように言う、命じる、勧める」という基本的な用法です。また、文の最初に直説法大過去形で Un collègue m'avait averti「同僚が私に警告してくれていた」と述べられていますので、時制をそろえるのは比較的容易でしょう。正解は avait dit です。

　同僚の警告も助言も、運転手がレール上の柵を見たという出来事に先立つ行為です。j'ai aperçu という複合過去形で表わされる部分こそが、この談話内の最初の出来事であり、それまでは半過去や大過去による導入的な状況描写だという流れを理解する必要があります。

⑵ Heureusement, aucun d'entre eux n'(　2　) en s'enfuyant.「幸いにも、

50

逃げる際にけがをした乗客はひとりもいなかった」

　正解はblesserの受動態の直説法複合過去形a été blessé です。「けがをした乗客はひとりもいなかった」というのは、完了した事実ですので、複合過去形になります。誤答としては、正しい時制にしながら受動態を忘れた例（*a blessé*）、aucun の基本的な用法を忘れて pas を入れた例（*a pas été blessé*）、aucun が一般に単数で用いられることを忘れた例（*ont été blessés*）、以上の誤りを複数おかした例（*a pas blessé*、*ont blessé*、*ont pas blessé*）がありました。

　ほかの時制にした答案も見られましたが、「運転手が避難を呼びかけながらドアを開けた」のにつづいて「乗客がけがをせずに逃げた」と、完了した出来事が順番に語られている以上、複合過去形が適切です。ここで注意したいのは、en s'enfuyant「逃げる際に」というジェロンディフです。これがなければ、問題の文は「（運転手が避難を呼びかけた時点で）ひとりの乗客もけがをしていなかった」という状況説明になりえたでしょう（もちろん状況説明では一般に半過去や大過去を用います）。しかし、「乗客が（運転手の呼びかけに応じて）逃げた」ことを示唆するジェロンディフがある以上、避難の際にけがをしたか、しなかったか、が問題になります。したがって、複合過去以外の時制（*est blessé*、*était blessé*、*avaient été blessés*、*avaient blessé*）はいずれも不適切となります。

(3) J'(3) fuir mais [...].「私も逃げられたかもしれませんが」

　車両に火がついた直後の文です。カッコの直後に不定形の動詞 fuir がつづいているため、pouvoir が入る可能性が高いことはすぐにわかります。問題は時制です。直説法複合過去形 *ai pu* にすると、運転手が火を見て「逃げた」ことを意味してしまいます。つづきをよく読みましょう。「私の第2の義務は車両を救うことだ、その責任があるのだから、と心に言い聞かせた。そこで私は消火のため消火器を手に取った」とあります。直説法大過去形 *avais pu* にすると、これまた運転手が「逃げてしまっていた」ことになります。文章全体の流れを理解すると、大過去が不自然なことは明らかです。「逃げられたけれども逃げなかった」という意味を表現するのは条件法過去形 aurais pu しかありません。

(4) [...] je me suis dit que, mes passagers (4), mon second devoir était de sauver le tramway [...].「乗客が車両を離れたので、私の第2の義務は車両を救うことだと、心に言い聞かせた」

乗客に避難を呼びかけたという記述がすでにあるため、動詞 sortir を選ぶことはむずかしくなさそうです。直説法大過去形 *étaient sortis* にした誤答がめだちましたが、文の後半部を読むと、それが不適切だとわかります。mon second devoir était de sauver le tramway「私の第 2 の義務は車両を救うことだ」という部分は、運転手が心に言い聞かせた内容だと推測できますが、そうすると、*étaient sortis* を入れて文が成り立つには、mon second devoir の前に et que が必要になるはずです。そもそもなぜ je me suis dit que のあとにカンマがあるのでしょう。この点に着目すれば、絶対分詞節という正解の糸口がつかめます。絶対分詞節とは、現在分詞や過去分詞が独自の主語をもつ分詞節で、しばしば理由・原因を表わします。正解は、étant sortis です（*sortant* ではなく複合形にすべきなのは、この時点で第 1 の義務であった乗客の避難が完了していると考えられるからです）。なお過去分詞 sortis のみでも完了を意味するため、正解になります。

(5) Après avoir passé trois stations, je (5) soulagé de ne plus être dans ce quartier.「3 駅過ぎたところで、私はようやくあの地区を出てほっとしたのを感じた」

運転手が、路面電車の火を消し、レール上の柵を取り除き、全速力で車両を出発させ、3 駅過ぎたときにようやくほっとした、それから事務所に帰り、警察に褒められた、と、ひとつひとつ順序どおりに完了した出来事や行為や感覚が述べられていますので、「ほっとしたのを感じる」という知覚の時制も複合過去形にするのが適切です。正解は me suis senti です。

解答 (1) avait dit　(2) a été blessé　(3) aurais pu
(4) étant sortis / sortis　(5) me suis senti

練習問題 3

次の文章を読み、(1)〜(5)に入れるのにもっとも適切なものを、下の語群から1つずつ選び、必要な形にして解答欄に書いてください。ただし、同じものを複数回用いることはできません。

　Au Québec, une dame a fait une chute à son domicile et s'est cassé le fémur*. À cause de la douleur atroce, elle (1). Mais c'était sans compter sur Johnny, son chien, qui lui a fait reprendre ses esprits en léchant** le visage de sa maîtresse étendue sur le sol. « J'avais peur parce que j'avais conscience que j'étais vraiment en danger. J'(2) infirmière jusqu'à 55 ans, alors je savais que ma situation était critique : personne ne pouvait m'aider puisque j'étais seule », déclare-t-elle aux informations télévisées. « Une fois réveillée, j'ai essayé désespérément de faire comprendre à Johnny qu'il (3) m'apporter le téléphone. C'est alors que, à ma plus grande surprise, il s'est dirigé vers le portable situé en hauteur, a aboyé puis a sauté pour le faire tomber. Une fois le téléphone au sol, il l'a poussé avec sa truffe*** jusqu'à moi. »

　Mais la dame réalise après coup qu'il faut ouvrir la porte d'entrée pour que les secours (4) pénétrer dans sa maison. « C'est alors que j'ai demandé à Johnny de m'apporter mes carnets. J'ai crié : " Carnets ! " et il m'en a apporté quelques-uns dont celui qui (5) le numéro de téléphone de mes voisins qui ont un double de mes clés. Johnny m'a vraiment sauvé la vie », affirme-t-elle.

*fémur：大腿骨

**lécher：なめる
　　　　　　　　　***truffe：（犬などの）鼻先

contenir　　devoir　　　essayer　　　être
pouvoir　　s'évader　　s'évanouir　　soutenir

(12)

解説　自宅で骨折して動けなくなった女性が愛犬によって命拾いをするという内容の文章です。本文は2つの段落で構成されており、第1段落では、女性が転んで骨折し、苦痛のあまり気絶したところを、犬のJohnnyが彼女の顔を舌でなめて意識を回復させた。そして、彼女が助けを呼べるように携帯電話を運んできたことが述べられます。第2段落では、女性は家の玄関が閉まっていることに気づき、合鍵を持っている隣人に電話したことが述べられますが、ここでも、隣人の電話番号を覚えていない彼女のために、Johnnyが彼女の手帳を運んできます。

(1) À cause de la douleur atroce, elle (1).「ひどい苦痛のために、彼女は気を失った」

　選ぶべき動詞は s'évanouir です。実際の試験では4割近くの解答が s'évader (s'est évadée) を選んでいましたが、前後の内容の流れから考えれば「逃げ出す」は不適当であることがわかります。時制は過去で、事件の流れが複合過去形で述べられていますので、正解は s'est évanouie です。

(2) J'(2) infirmière jusqu'à 55 ans, alors je savais que ma situation était critique :「私は55歳まで看護婦でした。だから、自分の状態が危ういものであることをわかっていました」

　正解は être の複合過去形 ai été です。実際の試験では、正しく être を選んでいましたが、時制をまちがった例がめだちました。「看護婦だった」のは「55歳まで」の期間であり、すでに完了したことを述べているわけですから、過去の状態を示す半過去形は入りません。また、大過去形を入れるためには、同じ文中に「看護婦だった」過去の次の時点、すなわち「看護婦だった」過去と現在の間の時点が必要ですが、この文にはそれがありません。alors「だから」以下は、新たに現在を起点として述べられている文ですので、前文に大過去形をみちびき出す手がかりとはならないのです。

(3) Une fois réveillée, j'ai essayé désespérément de faire comprendre à Johnny qu'il (　3　) m'apporter le téléphone.「意識がもどると、私はJohnny に電話を取ってこなければならないことを必死に理解させようとしました」
　女性の話が直接引用されている部分からの出題です。カッコの動詞のあとに不定形の動詞 apporter がつづいていますから、pouvoir か devoir が入ることがわかります。そして、内容を考えれば、女性が犬にわからせようとしたのは、「電話を取ってこなければならない」ということですから、選ぶべき動詞は devoir です。時制は、主節が複合過去形ですから、従属節もこれに合わせて半過去形 devait にするのが正解です。なお、過去における未来を示す条件法現在形 devrait でも正解になります。

(4) Mais la dame réalise après coup qu'il faut ouvrir la porte d'entrée pour que les secours (　4　) pénétrer dans sa maison.「しかし、女性は、救助隊が彼女の家に入れるように玄関のドアを開けなければいけないことに、あとから気がついた」
　選ぶべき動詞は pouvoir です。時制は pour que につづく従属節では接続法が使われますので、puissent が正解です。

(5) [...] il m'en a apporté quelques-uns dont celui qui (　5　) le numéro de téléphone de mes voisins qui ont un double de mes clés.「Johnny は私に何冊かの手帳を運んできた。そして、そのなかに、うちの合鍵を持っている隣人の電話番号が記されている手帳があった」
　(3)と同様に、女性の語っている部分からの出題です。選ぶべき動詞は contenir です。時制については、文全体は過去の時制ですが、問題の手帳自体には今でも隣人の電話番号が記されていますので現在形の contient でも、過去の時制に合わせて半過去形 contenait でも正解です。なお dont 以下の従属節では動詞が省略されていて「そのなかに～がいる (ある)」という意味になり、Il y avait une vingtaine d'invités dont le père de Pierre.「20名ほどの招待客がいたが、そのなかには Pierre のお父さんもいた」のように用いられます。

解　答　(1) s'est évanouie　(2) ai été　(3) devait / devrait
　　　　　(4) puissent　(5) contient / contenait

練習問題 4

次の文章を読み、（ 1 ）〜（ 5 ）に入れるのにもっとも適切なものを、下の語群から1つずつ選び、必要な形にして解答欄に書いてください。ただし、同じものを複数回用いることはできません。

  Il est facile de se rendre chez un concessionnaire* et de repartir avec la voiture de ses rêves à Paris, mais il n'en est pas de même à Pékin, capitale d'un pays où pourtant la production automobile est en pleine croissance. D'ailleurs, en 2010, on （ 1 ） 18 millions de voitures en Chine.

  Pékin est ainsi devenue la ville des embouteillages gigantesques. À cause des 800 000 nouvelles immatriculations** （ 2 ） en 2010, les autorités ont décidé début juillet 2011 de contrôler le nombre des voitures. On ose imaginer qu'il y a aussi une volonté écologique car Pékin est une des villes les plus polluées de la planète.

  Des mesures très sévères （ 3 ） : seulement 20 000 immatriculations sont possibles chaque mois et les candidats à l'achat doivent faire une demande dans les huit premiers jours du mois. Ce système s'applique aux Pékinois depuis le 1er novembre 2011 et 215 425 habitants ont déjà fait acte de candidature. L'attribution des premières immatriculations imposées par ce système （ 4 ） par un tirage au sort*** qui aura lieu le 30 novembre 2011. Donc, moins d'une chance sur dix pour les habitants de Pékin de pouvoir rouler en 2012 dans une belle Mercedes-Benz, Toyota ou... Renault ? Pour lutter contre le réchauffement climatique, faut-il s'attendre à ce qu'un tel système （ 5 ） vers d'autres pays dans les années à venir ?

〔Ⅰ〕1次試験の傾向と対策　筆記試験④

　　　　　　　　　　　　＊concessionnaire：代理店
　　　　　　　　　　　＊＊immatriculation：（車の）ナンバー
　　　　　　　　　　＊＊＊tirage au sort：くじ引き

diriger　　　enregistrer　　exporter　　　prendre
procéder　　se faire　　　se produire　　vendre

(11)

|解　説|　中国の北京で新たに適用されることになった自動車の購入システムについての文章です。本文は3つの段落で構成されていますが、それぞれの段落では、①パリとちがって、北京では車を買うのが容易ではないこと、②北京では交通渋滞による大気汚染がひどいこと、③対策として実施される自動車購入システムの内容、が述べられています。

⑴ D'ailleurs, en 2010, on (　1　) 18 millions de voitures en Chine.「たしかに、2010年は、1800万台の自動車が中国で売れたのだ」
　選ぶべき動詞は vendre です。前文で「自動車生産がひじょうに増加している」と述べられているため、se produire と誤りやすいですが、ここでは代名動詞は不適切です。また exporter だと、「中国に輸出した」ことになってしまいますので、内容的に前文と矛盾してしまいます。正解は、vendre の複合過去形 a vendu になります。

⑵ À cause des 800 000 nouvelles immatriculations (　2　) en 2010, les autorités ont décidé début juillet 2011 de contrôler le nombre des voitures.「2010年に登録された新ナンバーが80万にのぼったため、2011年7月初旬、当局は車の数を統制する決定をくだした」
　正解は enregistrées です。カッコの直前に immatriculations がありますので、動詞の選択は比較的容易にできると思いますが、性数一致のミスや文の構造のとりちがえに気をつけましょう。

⑶ Des mesures très sévères (　3　) : [...].「ひじょうにきびしい対策がとられた」
　一見、さまざまな動詞を入れることが可能に見えますが、「：」につづいて、対策の内容が説明されていること、次の文で、対策が2011年11月1日から適用されていると述べられていますから、ont été prises が正解になりま

57

す。prendre des mesures「対策（措置）をとる」という表現も思い出してください。動詞を受動態の複合過去形に変形させ、かつ性数一致させなければなりません。

(4) L'attribution des premières immatriculations imposées par ce système (4) par un tirage au sort qui aura lieu le 30 novembre 2011.「このシステムにしたがった最初のナンバーの割りあては、2011 年 11 月 30 日におこなわれる予定のくじ引きによって実施される」

un tirage au sort を形容する従属節 qui aura lieu [...] の時制が単純未来形ですので、これに時制を対応させなければなりません。ここでは、受け身的な意味で使われる代名動詞 se faire の単純未来形 se fera が正解になります。

(5) [...] faut-il s'attendre à ce qu'un tel système (5) vers d'autres pays dans les années à venir ?「将来このような制度がほかの国に輸出されることを覚悟しなければならないのだろうか」

選ぶべき動詞は exporter です。カッコのあとの vers がヒントになります。ただし、s'attendre à ce que ~「~を予期する、覚悟する」の従属節では動詞が接続法になりますので soit exporté としなければなりません。

|解　答| (1) a vendu　(2) enregistrées　(3) ont été prises
　　　　(4) se fera　(5) soit exporté

[Ⅰ] 1次試験の傾向と対策　筆記試験 5

5　文中の空欄に入れるのにもっとも適切な語句を選択肢から選び、**文章を完成させる**問題です。出題される文章は 20 行程度。5 つの空欄に対し、それぞれ 3 つの選択肢が示されます。

　この問題では一定の時間内にある程度の長さの文章を読み、論旨を正確に把握する力がためされます。選択肢の語句は文の一部であることが多く、問題によっては 1、2 語程度と短いため、語句を読んだだけでは意味をとりちがえてしまいかねません。誤答を避けるには、前後の文脈だけではなく、全体の論旨を把握したうえで個々の設問にあたることが大切です。

練習問題 1

　次の文章を読み、（　1　）～（　5　）に入れるのにもっとも適切なものを、それぞれ右のページの①～③のなかから 1 つずつ選び、解答欄のその番号にマークしてください。

　Selon une étude réalisée par l'Agence-Santé Régionale (ASR), il faudra remplacer 831 médecins à Paris d'ici à cinq ans pour (　1　). Dans plusieurs arrondissements, près de la moitié des généralistes* vont cesser leur activité. Des mesures d'urgence doivent être prises si l'on veut au moins (　2　) dans la capitale.

　Outre le nombre insuffisant de pédiatres**, les généralistes pourraient rapidement manquer dans plusieurs arrondissements dont certains sont parmi les plus peuplés de la capitale. Une situation difficile, car « le généraliste, c'est l'offre de (　3　) dans la prise en charge des malades », souligne Michel Demonet, président de l'ASR. À Paris, on a longtemps considéré qu'il y avait beaucoup de médecins. Pourtant, les jeunes sont partis s'installer ailleurs. Pour eux, Paris est en effet trop cher. On se retrouve dans la capitale avec une

59

population de médecins (4). Cette génération part logiquement à la retraite.

　Michel Demonet évoque dans son rapport la nécessité de « construire un nouveau réseau de généralistes à Paris ». En Île-de-France, seule une centaine de « contrats d'engagement de service public » ont été signés en trois ans avec des étudiants ou des internes***. Ceux-ci, en échange du financement de leurs études, s'engageaient à s'installer dans un domaine où « (5) est menacée ». Un bureau d'information a ainsi été ouvert et a déjà accueilli 43 professionnels de santé.

*généraliste：一般医、町医者
**pédiatre：小児科医
***interne：インターン、研修医

(1) ① abandonner le métier de la médecine
　　② animer certaines activités médicales
　　③ compenser leur départ à la retraite

(2) ① améliorer le niveau des soins
　　② maintenir l'offre de soins actuelle
　　③ se souvenir des soins d'autrefois

(3) ① dernier secours
　　② meilleure façon
　　③ premier recours

(4) ① aussi âgés que nombreux

② moins âgés qu'en province
　③ plus âgés qu'ailleurs

(5)　① la continuité des soins
　② la sécurité des locaux
　③ l'assurance maladie

(14)

|解　説|　パリの医師不足対策を扱った文章です。第 1 段落では、地域圏保健局（Agence-Santé Régionale）による最近の調査結果と緊急対策の必要性が語られます。第 2 段落では、医師不足が予測される理由が、世代によって説明されます。第 3 段落では、現在とられている対策の限界が論じられています。

(1) 第 1 段落冒頭では、「地域圏保険局による調査によれば、パリでは今後 5 年間で 831 人の医師の交代が必要になるだろう」と述べられ、それはどのような目的のためか記した箇所にカッコが設けられています。選択肢には、①「医師という職業を放棄する」ため、②「ある種の医療活動を推進する」ため、③「彼らの引退のうめ合わせをする」ためとあります。ところで、つづく第 2 文には、「いくつもの区で、半数近くの一般医が仕事をやめることになる」とあります。831 人の医師が引退するので、そのぶんの医師を補充しなくてはならない、という論理がつかめれば、正解は③だとわかるでしょう。また、これを機会に en activité「現役の」という成句も覚えておくとよいでしょう。

(2) さらに、カッコをふくんだ文がつづきます。「せめて首都において（　　　）したいなら、緊急対策をとらねばならない」。選択肢には、①「治療レベルを改善する」、②「現在提供されている治療を維持する」、③「かつての治療を思い起こす」とあります。まず、①については、ここではきたるべき医師不足への対策が問題になっていること、およびカッコの直前に「せめて」という文言があることから、不適切と考えられます。また、医師数の減少をおぎなう「緊急対策」の目標とするには、③は論外です。したがって、正解が②であるのは明らかです。

(3) 第 2 段落の第 2 文、地域圏保険局長の発言のなかにカッコがあります。

「一般医は、患者の引き受けにおいて、(　　　) を提供するもの」だから、複数の区で不足すると「きびしい状況」になるというのです。一般医は、専門医 médecin spécialiste と対置され、地域の住民の治療にたずさわる医師であることをふまえると、選択肢①「最後の救援」はうまくあてはまりません。また、②「最良のやり方」は、あいまいでしかも根拠が不明瞭です。したがって、③「最初に頼るところ」がもっとも適切ということになります。

なお、選択肢①に関連して、en dernier recours「最後の手段として」、premiers secours「応急手当」という表現も覚えておきましょう。

(4) 第2段落最後から2番目の文、「気づくと首都に住んでいる医師は」のあとにカッコがあります。カッコの直前では、「長い間パリには多くの医師がいると思われていたが、若者［＝若い医師］はよそで開業するようになった。なぜならパリは彼らにとっては物価が高すぎるからだ」と述べられています。またカッコのあとでは「この世代は当然ながら引退することになる」とあります。前後の文脈を考慮すると、正解は③「よそよりも高齢になっている」だとわかるでしょう。仮に①「高齢でもあれば多数でもある」、②「地方ほど高齢ではない」をカッコに入れても、文意が通りません。

(5) 第3段落冒頭では、まず一般医の新たなネットワークを築くことが必要だとする地域圏保険局長の見解が示されたあと、それはどのような理由によるのか事情説明がつづきます。イル＝ド＝フランスで「公共機関勤務契約」に署名した学生や研修医は「3年でわずか100名程度」だというのです。そしてこの「契約」の具体的な説明がなされる文にカッコがあります。「署名した学生や研修医が、学業への資金援助と引きかえに、『(　　　) がおびやかされている』分野で開業することを約束する契約だった」。選択肢には、①「治療の継続性」、②「建物内の安全」、③「健康保険」とありますが、話の流れをふまえると、①が正解だと容易にわかるでしょう。②も③も唐突かつ不自然です。

[解　答] (1) ③　(2) ②　(3) ③　(4) ③　(5) ①

練習問題 2

次の文章を読み、（ 1 ）～（ 5 ）に入れるのにもっとも適切なものを、それぞれ右のページの①～③のなかから1つずつ選び、解答欄のその番号にマークしてください。

Mourir dans un jardin, ou mourir enfermé dans sa chambre ? La question (1), mais peut-être dit-elle quelque chose de la façon dont les personnes très âgées sont prises en charge en France. Il y a un mois, une malade de 90 ans avait ainsi été retrouvée morte dans le jardin de l'hôpital Saint-Julien à Rouen ; elle avait quitté sa chambre et, selon l'expression, « échappé à la surveillance du personnel ». La police avait été prévenue. D'après l'hôpital, la dame ne faisait pas l'objet d'une surveillance particulière. (2) : échapper, surveillance, police. Où est-on ? En prison ? Non. Cette femme était hospitalisée tout à fait librement dans un service pour personnes âgées.

(3). Une semaine après, c'est un pensionnaire* de 85 ans d'une maison de retraite de l'Anjou qui a été retrouvé mort dans le parc de la résidence.

Après ces accidents, on se demande s'il ne faut pas surveiller à tout prix. Mais est-ce une bonne nouvelle ? Les étages fermés se multiplient dans les maisons de retraite pour les personnes atteintes de la maladie d'Alzheimer**. Et on développe même des outils de vidéosurveillance*** (4) les fuites ou les chutes. Cela part toujours d'un bon sentiment et, la plupart du temps, cela se fait à la demande des familles. La loi est pourtant claire sur cette question. (5), on ne peut pas demander aux maisons de retraite de contrôler à titre permanent le mode de vie de leurs pensionnaires et d'être responsables des actes de ceux-ci.

*pensionnaire：(老人ホームなどの) 入所者
**maladie d'Alzheimer：(アルツハイマー型の) 認知症
***outil de vidéosurveillance：監視カメラ

(1)　① est difficile
　　　② n'a aucun sens
　　　③ peut paraître bizarre

(2)　① Drôle de vocabulaire
　　　② Façon de dire tout à fait normale
　　　③ Mots de tous les jours

(3)　① Ce genre d'accident est rare
　　　② C'est le cas de le dire
　　　③ Le cas n'est pas unique

(4)　① au risque de prévoir
　　　② en multipliant
　　　③ pour mieux prévenir

(5)　① À propos
　　　② Au contraire
　　　③ En effet

解説 病院や老人ホームのような施設で生活する高齢者、とくにアルツハイマー型の認知症患者を監視するべきかどうかという深刻な社会問題を扱った文章です。第1段落では、ルーアンの病院に入院していた90歳の女性が「職員の監視を逃れて」病室を抜け出し、庭で亡くなった事件が語られます。第2段落では、その1週間後にアンジュー地方の老人ホームで85歳の入所者が同じように亡くなった事件が紹介されます。第3段落では、これらの事件をふまえ、老人ホームにおける隔離や監視の現状と是非が論じられています。

(1) 第1段落の冒頭の文では、「庭で死ぬか、病室に閉じ込められて死ぬか」という二者択一の問いが提示されています。つづく第2文の「この問いは」のあとにカッコがあり、選択肢を見ると、①「むずかしい」、②「まったく意味がない」、③「奇妙に見えるかもしれない」となっています。直前の文とのつながりでは、どれも入りそうな気がしますが、つづいて「だがもしかすると、この問いはフランスにおける高齢者のケアの仕方の一端を示すものかもしれない」と述べられています。一見するとおかしな問いだが、じつは深刻な現実を示唆している、という話の展開が理解できれば、正解の③がみちびき出せます。

(2) ルーアンの事件が紹介され、「病院によると、女性はとくに監視の対象にはなっていなかった」と述べられた次の文の最初にカッコがあり、コロン「：」のあとに、「逃がれる、監視、警察」とつづきます。これらは事件を語る際に用いられたことばです。さらに、この女性が「監獄に入れられていたわけではなく、自分の意志で高齢者向けの施設に入っていた」ことが強調されています。したがって、筆者が上記のことばを入院という現実からずれた①「奇妙な語彙」と見なしていることは明らかです。②「まったくふつうの言い回し」も、③「日々よく使われることば」も、反対の意味になります。形容詞 drôle が de ＋無冠詞名詞といっしょに用いられることも確認しておきましょう。

(3) 第2段落の最初の文がすべてカッコになっています。それまでに語られたルーアンの事件とこれから語られるアンジューの似たような事件をつなぐ選択肢をさがすと、③「この事例が唯一ではない」がぴったりです。①「このような事故はめったにない」では正反対の意味になります。②「まさにこの場合にぴったりの表現だ」は、直訳すれば「まさにそう言うべきケースである」という意味ですが、カッコの直前にも直後にもいっさい「何を言うの

か」が提示されていない以上、ここにはうまく収まりません。

(4) 第3段落の冒頭では、「こうした事故のあとでは、なんとしても監視すべきではないかと思ってしまう」と述べ、認知症患者向けの老人ホームで階ごと隔離する例がふえていることが紹介されます。その次の文、「監視カメラの開発すら進んでいる」ということばと、「脱走や転倒」の間にカッコがあります。正解は、「脱走や転倒」を③「より防止するために」です。これらが①「予想されることは覚悟のうえで」でも、これらを②「ふやしながら」でもありません。

(5)「監視や隔離のシステムは、つねに善意から、たいていは家族の要望に沿ってなされているが、法律はこの問題についてはっきりしている」という文のあとにカッコがあります。そのつづきは、「入居者の生活様式をつねにチェックしたり、入所者の行動の責任をとったりすることを、老人ホームに求めることはできない」となっています。カッコの前後をつなぐ接続表現として適切なものを選ぶ必要があります。まず、話題が転換しているわけではないので、①「ところで」は不適切です。また、カッコの直前と直後に逆接や対立の関係がない以上、②「反対に」は不自然です。正解は、「実際〜なのだから」を意味する③En effet です。

解答　(1) ③　(2) ①　(3) ③　(4) ③　(5) ③

[練習問題 3]

次の文章を読み、(1) ～ (5) に入れるのにもっとも適切なものを、それぞれ右のページの①～③のなかから1つずつ選び、解答欄のその番号にマークしてください。

En France, il y a beaucoup de gens qui vivent dans la rue, sans domicile fixe. Ils vivent dehors toute l'année, très souvent avec leurs chiens, (1). Chaque année, pas mal de sans-abri* trouvent ainsi la mort dans la rue. Or il existe depuis déjà très longtemps des établissements qui les accueillent et leur offrent gratuitement les repas et un lit. Mais ces établissements-là (2) gens qui vivent dans la rue avec leurs chiens. Car ils n'acceptent pas les animaux. Les chiens et leurs maîtres sont liés si profondément que ceux-ci ne veulent pas y être hébergés et nourris sans ceux-là et (3) à sacrifier leur vie sociale.

C'est pourquoi la ville d'Avignon a créé il y a 6 mois un centre susceptible d'accueillir jusqu'à 20 personnes avec leurs chiens dans des conditions de confort et de sécurité. Mais ce centre, unique en France, ne se contente pas de loger les chiens et leurs maîtres sous le même toit. Il a élaboré un programme pour permettre à ces derniers de retrouver une vie sociale. La première et la plus difficile étape de ce programme consiste dans la séparation, côté maître mais aussi côté animal. (4), il faut d'abord préparer les chiens à rester seuls et calmes pendant que leurs maîtres sont en ville pour chercher du travail. Depuis le début de la mise en œuvre de ce programme, une dizaine de sans-abri l'ayant terminé avec succès ont quitté le centre pour (5) dans un logement avec leur chien.

*sans-abri：ホームレス

(1) ① entourés de médecins
　　② exposés à la chaleur ou au froid
　　③ munis de tout ce qu'il faut pour survivre

(2) ① ne sont pas adaptés aux
　　② répondent aux attentes des
　　③ sont trop pleins pour accueillir des

(3) ① en arrivent souvent
　　② ne consentent jamais
　　③ s'opposent violemment

(4) ① En d'autres mots
　　② Malgré tout
　　③ Par contre

(5) ① ne plus voir personne
　　② s'enfermer délibérément
　　③ vivre de façon autonome

(12)

解説 フランスのアヴィニョンで始められた新しいホームレスの支援プログラムの話です。第1段落では、ホームレスのなかには、犬とともに路上生活をしている者がいること、しかし、彼らを犬といっしょに受け入れる支援センターが存在していなかったことが述べられます。そして、第2段落では、アヴィニョンに新しくできたセンターが紹介されています。

(1) 第1段落の冒頭の文で、フランスには路上生活をおくるホームレスがたくさんいることが述べられています。つづく第2文で、「1年中、彼らは、

外で、ひじょうによくあることだが、犬といっしょに生活している」と述べられ、この文の最後にカッコがあります。選択肢はすべて主語の「Ils」にかかりますが、彼らは①「医者たちにかこまれて」生活しているのでも、③「生きのびるために必要なすべてをあたえられて」いるわけでもなく、②「暑さや寒さにさらされて」生きているのです。したがって②が正解です。

(2) 第1段落の第5文にカッコがあります。以前からある支援センターが、「犬といっしょに路上で生活する人々」とどんな関係にあるかを推測しなければなりません。手がかりとなるのは、Car「なぜなら」で始まる第6文、「なぜなら、これらの施設は動物を受け入れない」です。したがって、センターがホームレスたちの②「期待に応えている」のでもなく、③「満員のために（彼らを）受け入れられない」のでもなく、彼ら（を迎え入れること）に①「適合していない」のです。

(3) 第1段落の最後の文です。「犬とその飼い主は、あまりに深い絆で結ばれているので、飼い主は、犬と離れて、その施設で寝泊まりしたり、食事をしたがらず」、①「最終的に」みずからの社会生活を犠牲にしてしまうので、正解は①です。社会生活を犠牲にすることに②「同意していない」や③「はげしく反対する」は、問題文の内容にそぐいません。なお、en arriver à ~は「~するにいたる」という意味の表現です。

(4) 第2段落ではまず、アヴィニョンにホームレスを動物といっしょに受け入れるセンターができたこと、そしてこのセンターが寝食を提供するだけではなく、ホームレスの社会復帰を支援するプログラムもおこなっていることが説明されます。そのあと、第4文で「プログラムの第1の、そしてもっともむずかしい段階は、飼い主にとってだけでなく、動物にとっても、別れることだ」と述べられます。カッコは第5文の冒頭にあります。この文では「まず、飼い主が仕事をさがすために町に出ている間、ひとりで静かにしているよう、犬を訓練しなければならない」と述べられていますが、これは第4文の具体的な言いかえです。ですから、①「言いかえれば」が正解です。

(5) 最後の文で、「10名ほどのホームレスがプログラムを無事終了し、センターを出ていった」と述べられていますが、それは犬とともに暮らしながら③「自律的に生きる」ためです。①「だれにも会わない」ためや、②「かたくなに閉じこもる」ためではありません。

解答　(1) ②　　(2) ①　　(3) ①　　(4) ①　　(5) ③

練習問題 4

次の文章を読み、（ 1 ）～（ 5 ）に入れるのにもっとも適切なものを、それぞれ右のページの①～③のなかから1つずつ選び、解答欄のその番号にマークしてください。

　Roger, Lyonnais de 40 ans, habite le Canada depuis quinze ans. C'était pour vivre chez les Inuits* qu'il (1) en 1996 avec sa femme. Il a vécu cinq ans dans un territoire inuit, où il a participé à diverses activités. Ensuite pourtant il a dû retourner (2) à Montréal pour la scolarité de ses enfants, qui étaient nés entre-temps. Comme en 2001 le gouvernement fédéral a lancé un grand projet pour rendre Internet accessible aux communautés** inuites, il a monté avec des amis européens une entreprise d'informatique pour former les Inuits tout en discutant avec eux sur leurs souhaits.

　Ce qui intéresse ceux-ci, c'est d'abord d'améliorer leurs techniques de chasse. Par exemple, un site sur les déplacements de leur gibier (3). En suivant sur l'écran les mouvements des animaux munis d'émetteurs***, ils n'ont plus besoin de chercher au hasard leur passage. Ils achètent aussi leurs articles de chasse sur le Web. Par ailleurs, toutes leurs écoles sont équipées d'ordinateurs. Roger et ses collaborateurs apprennent aux enfants à se familiariser avec l'informatique. Bien que les personnes âgées aient tout refusé, les jeunes (4) : ils sont passionnés de communication par Internet.

　Si ce sont des Européens qui font ce travail et non pas des Américains, c'est sans doute grâce à leur passion pour la culture des Inuits. Leurs relations s'établissent non pas (5) mais sous forme d'échange.

*Inuit：イヌイット（カナダ北部などに住む先住民族）
**communauté：コミュニティ
***émetteur：発信機

(1) ① en est parti
　　② s'y est installé
　　③ y est rentré

(2) ① à contrecœur
　　② avec grand plaisir
　　③ tout seul

(3) ① est bien accueilli
　　② les laisse froids
　　③ ne leur dit rien

(4) ① les ont suivies
　　② ne les ont pas écoutées
　　③ n'osent pas leur désobéir

(5) ① à sens unique
　　② avec réciprocité
　　③ discrètement

(11)

解説　カナダに住むフランス人 Roger の話です。イヌイット（カナダ北部などに住む先住民族）のもとで生活した経験のある彼は、情報関連の会

社を友人たちと立ち上げ、イヌイットの生活にインターネットを普及させる活動をしています。

(1) 冒頭の文で、Roger が 15 年前からカナダに住んでいることが述べられています。したがって、「イヌイットのもとで生活するため」に、彼が 1996 年に、①「そこをあとにした」のでも、③「そこに帰った」のでもなく、②「そこに落ちついた（居をかまえた）」が正解になります。

(2)「しかし、その間に生まれた子どもたちの学校のために、彼はモントリオールにもどらなければならなかった」という文の途中にカッコがあります。「～しなければならなかった」わけですから、②「大喜びで」行ったのではありません。また、少なくとも子どもたちをともなっているはずですから、③「たったひとりで」もどったのでもありません。文の内容から判断しても、正解は①「しぶしぶ、いやいや」になります。

(3) 第 2 段落では、Roger が設立した情報関連の会社の活動について述べられています。第 1 文で、イヌイットの関心事は、まず、狩猟のテクニックを改善することだと述べられています。したがって、「たとえば、獲物となる動物の移動についてのサイト」が、①「好意的に迎えられる（＝好評である）」が正解になります。

(4) Roger と彼の協力者たちは、イヌイットの子どもたちに、インターネットに親しむことを教えています。「年配者たちはまったく拒絶したけれども」、若者たちは、②「（年配者たちの言うことに）耳を貸さなかった」のです。Bien que が「～であるにもかかわらず」と譲歩を示していること、また、「：」以下で、若者たちが「インターネットによるコミュニケーションに夢中になっている」と説明されていることから、正解②がみちびかれます。

(5) 最終段落では、Roger たちとイヌイットの関係が説明されています。第 1 文で、「そうした仕事をしているのがアメリカ人ではなくヨーロッパ人であるわけは、おそらくヨーロッパ人がイヌイットの文化を愛しているからだと思われる」と述べられたあと、第 2 文で、彼らの関係が「交流という形で」成立していることが述べられます。non pas A mais B「A ではなく B」という部分の A がカッコになっていますから、ここには B にあたる「交流という形で」と対立するものが入ります。したがって、②「相互的に」でも、③「ひっそりと」でもなく、①「一方通行で」が正解になります。

|解　答| (1) ②　(2) ①　(3) ①　(4) ②　(5) ①

6

　長文の**内容一致**の問題です。20 行から 25 行程度の文章を読み、その内容が設問として示された文の内容と一致するかどうかを判断します。設問は 1 行ないし 2 行程度の短文で、8 つあります。

　この問題では、情報量の多い文章の内容を、短時間で正確にとらえることが求められます。全体の論旨にくわえ、個々の記述についてもこまかい部分まで目配りが必要です。8 つの設問は文章の流れに沿って並べられているので、本文の記述と見くらべながら読んでいくことができますが、設問では本文の内容が別の表現で言いかえられていることもあります。

　本文と設問の対応には次の 4 つのケースがあります：

① 文の一部が別の表現に置きかえられている場合
　（例）　本文　[...] l'intelligence humaine ne dépend pas, elle non plus, de la quantité de matière grise [...].
　　　　設問　L'intelligence de l'homme ne dépend pas forcément du volume du cerveau.　　　　　　　　　　　　(11)

② 文全体が別の形で置きかえられている場合
　（例）　本文　Des adhérents plutôt jeunes, apparemment sensibles aux valeurs de solidarité et d'aide aux autres.
　　　　設問　Les abonnés du « Worldsurfing » sont plutôt des jeunes sensibilisés aux valeurs de l'entraide.　(10)

③ 複数の文にまたがる本文の記述が、設問では 1 文にまとめられている場合

④ 設問の文の内容が、本文の全体にかかわっている場合

　このうちとくに注意が必要なのは ③ と ④ の場合ですが、① または ② のような場合でも、本文と設問の対応を見誤らないよう、文の「言いかえ」に用いられる表現のパターンに慣れておくことが必要です。

練習問題 1

次の文章を読み、右のページの(1)〜(8)について、文章の内容に一致する場合は解答欄の①に、一致しない場合は②にマークしてください。

　Savez-vous que depuis 2001, on célèbre au mois de février les « Journées mondiales sans téléphone portable » ? C'est une manifestation qu'un écrivain français a créée pour que les gens réfléchissent sur ce moyen de communication et, éventuellement, pour qu'ils essaient de vivre un peu sans leur mobile.
　D'après une enquête récente, les Français passent en moyenne plus de deux heures par jour sur leur téléphone portable. Savent-ils pourtant que cela peut causer des perturbations physiques ou mentales ? Sans doute que non. Certes, si vous écoutez de la musique à bas volume sur votre iPhone, vous ne deviendrez pas sourd. Mais en montant le son au maximum, vous risquez d'abîmer vos oreilles et d'avoir des troubles de l'audition. D'autre part, si vous écrivez souvent des messages sur votre téléphone portable ou si vous jouez tout le temps dessus, vous aurez des douleurs au poignet. Et puisque votre lourde tête est toujours penchée en avant, vous aurez également mal aux épaules, à la nuque et à la tête.
　La santé mentale aussi est exposée à des dangers. Il y a d'abord ce qu'on appelle les « vibrations* imaginaires ». L'année dernière, une étude américaine a montré que neuf étudiants sur dix avaient souvent le sentiment qu'ils recevaient des coups de téléphone ou des messages alors qu'il n'en était rien.

La même étude nous apprend par ailleurs que plus de 60 % des personnes interrogées ont peur de perdre ou d'être séparées de leur téléphone portable. En effet, nous sommes nombreux à l'utiliser régulièrement aux toilettes et à dormir avec. Comme dans le cas du tabac ou de l'alcool, arrêter tout d'un coup l'usage du portable peut enfin provoquer des sentiments d'anxiété et d'isolement. Ce qui n'est pas sans influer sur notre santé mentale.

* vibration：振動

(1) Les « Journées mondiales sans téléphone portable » ont lieu tous les deux ans depuis 2001.

(2) D'après l'auteur, les Français ignorent sans doute que l'usage du mobile peut avoir comme résultat des troubles physiques ou mentaux.

(3) On a intérêt à écouter de la musique à bas volume sur son iPhone pour éviter de devenir sourd.

(4) Les douleurs au poignet ou aux épaules n'ont rien à voir avec le fait de jouer sur son téléphone portable.

(5) D'après une étude américaine, 60 % des étudiants s'imaginent souvent recevoir des coups de téléphone.

(6) La majorité des personnes interrogées pour une étude

américaine disent qu'elles s'inquiètent de l'éventuelle perte de leur mobile.

(7) Beaucoup de gens dorment avec leur téléphone portable.

(8) Si l'on cesse soudainement d'utiliser son téléphone portable, cela peut provoquer les mêmes réactions qu'une privation d'alcool.

(14)

解説 「世界携帯電話不使用の日」に合わせて、携帯電話のもたらす健康被害を取り上げた文章です。

(1) 設問文には、「『世界携帯電話不使用の日』は2001年以降、2年に1度開催される」とあります。一方、第1段落の第1文には、「2001年以降、2月に『世界携帯電話不使用の日』が開かれるのを知っていますか」と述べられています。したがって、設問文は本文の内容と一致しません。

(2) 第2段落の第1文から第3文では、「フランス人は1日平均2時間以上、携帯電話を使用しているが、それが心身のトラブルを引き起こしうると知っているだろうか。おそらく知らないだろう」と述べられています。したがって、「筆者によると、フランス人はおそらく携帯電話の使用が心身の不調をもたらしうることを知らない」とする設問文は、本文の内容に一致します。ちなみに、Sans doute que non. は、Sans doute qu'ils ne le savent pas. の意味です。

(3) 第2段落の第4、5文では、「なるほど、iPhoneで音楽を聴くときに音量を下げていれば、耳が聞こえないようにはならないだろう。しかし、音量を最大にすると、耳を悪くして聴覚に障害が起こる恐れがある」と述べられています。したがって、「耳が聞こえなくなるのを避けるには、iPhoneで音楽を聴くとき音量を下げたほうがいい」とする設問文は、本文の内容に一致します。設問文にある avoir intérêt à 「～したほうが得だ」という成句もしっかり覚えておきましょう。

(4) 設問文には、「手首や肩の痛みは、携帯電話でゲームをすることとはな

[I] 1次試験の傾向と対策　筆記試験 6

んの関係もない」とあります。しかし、第2段落の後半では、「よく携帯電話でメッセージを書いたり、いつもゲームをしていたりすると、手首が痛くなるだろう。しかも重い頭部がつねに前屈みになっているので、肩や襟首や頭も痛むだろう」とあります。したがって、設問文は本文の内容と一致しません。

(5) 設問文には、「アメリカでおこなわれた研究によれば、60%の学生が、電話がかかってきたと思い込んでしまうことがよくある」とあります。ところが、第3段落第3文では、「昨年、アメリカでおこなわれた研究によって、10人のうち9人の学生が、実際にはそうではないのに、電話がかかってきたり、メッセージを受け取ったりした気になることがよくあると明らかにされた」と述べられています。明らかに示されている数値がちがいますので、設問文は本文の内容と一致しません。

(6) 第3段落の第4文には、「そのうえ、同じ研究によると、調査の対象となった人の60%が、携帯電話を紛失したり、手放したりするのを恐れている」とありますので、設問文「アメリカの研究に答えた人の過半数が、携帯電話を紛失したらどうしようと心配している」は、本文の内容と一致します。

(7) 設問文には、「携帯電話をそばに置いて眠る人が多い」とあります。ところで、第3段落の第5文では、「実際、われわれの多くは、トイレでもきまって携帯電話を使ったり、いっしょに寝たりしている」と述べられていますので、設問文は本文の内容と一致します。

(8) 第3段落の第6文には、「タバコやアルコールの場合とおなじく、突然携帯電話の使用をやめると、不安や孤立感を引き起こしかねない」とあります。したがって、設問文「いきなり携帯電話の使用をやめると、禁酒と同じ反応を引き起こしかねない」は、本文の内容と一致します。

解答　(1) ②　(2) ①　(3) ①　(4) ②　(5) ②　(6) ①　(7) ①　(8) ①

練習問題 2

次の文章を読み、右のページの(1)〜(8)について、文章の内容に一致する場合は解答欄の①に、一致しない場合は②にマークしてください。

Au village d'Anzère, dans les Alpes suisses, le « Plan Poules » est un succès. « Quand j'ai proposé ce projet, je n'imaginais pas un tel résultat », affirme Pierre Marcel, le maire. Sa proposition sort de l'ordinaire : faire adopter deux poules, pour 2 euros, par chaque foyer qui le désire. D'où vient cette étrange initiative ? C'est bien connu que les poules mangent de tout : des restes de gâteaux, des huîtres, des coquilles d'œufs ou de l'herbe fraîchement coupée... Une poule peut avaler jusqu'à 150 kilos de déchets* ménagers par an. Cela devrait permettre à la mairie une économie annuelle de 10 000 euros sur la collecte** des poubelles.

Le 27 septembre, 150 familles sont venues à la mairie d'Anzère chercher leurs poules. En adoptant les deux poules, elles se sont engagées par contrat : les poules doivent rester un minimum de deux ans, dans un endroit sain et protégé. « Certains rient d'une opération comme la nôtre », dit Pierre Marcel. « Mais elle a aussi un rôle pédagogique pour les enfants. Ils vont apprendre à nourrir les poules. Ces poules leur donneront des œufs, qu'ils mangeront à leur tour. Le Plan sensibilisera les enfants au recyclage*** et à un nouvel animal de compagnie. » La deuxième distribution de poules se fera le mois prochain. Et comme tous les habitants d'Anzère n'ont pas de jardin, Pierre Marcel veut maintenant prolonger son idée en créant un espace commun qui puisse accueillir une cinquantaine de poules.

*déchets：ごみ
**collecte：収集
***recyclage：リサイクル

(1) Le « Plan Poules » a réussi à intéresser les habitants d'Anzère.

(2) Le maire d'Anzère a décidé de faire adopter des poules à tous les habitants.

(3) Une poule est capable de manger 150 kilos de déchets ménagers par mois.

(4) Avec le « Plan Poules », la mairie d'Anzère pourrait économiser 10 000 euros chaque année.

(5) Les familles qui adoptent des poules doivent les garder au moins deux ans.

(6) Le maire d'Anzère reconnaît qu'il y a des gens qui se moquent du « Plan Poules ».

(7) Le maire d'Anzère ne croit pas que le « Plan Poules » contribuera à l'éducation des enfants.

(8) Le maire d'Anzère a créé un espace commun pour les habitants qui n'ont pas de jardin.

[解説] 住民に2ユーロでめんどり2羽を配布する政策「Plan Poules（めんどりプラン）」が紹介された文章です。

(1) 第1段落の第1文で、「スイス・アルプス地方のアンゼール村では、『めんどりプラン』が成功を収めている」と述べられていますので、設問文は本文の内容と一致します。

(2) 設問文には「アンゼールの村長は、すべての住民にめんどりを配布することをきめた」とありますが、第1段落の第3文では、「希望する家庭ごとに、2ユーロで、めんどり2羽を配布する」のが「村長の提案」であると述べられています。したがって、設問文は本文の内容と一致しません。ちなみに、faire adopter は、「（まるで養子のように、家族の一員として）受け入れさせる、受け取らせる」という意味ですが、ここでは「配布する」と訳しておきます。

(3) 設問文では「めんどり1羽は1ヵ月あたり150キロの家庭ごみを食べることができる」と述べられていますが、第1段落の第6文では「1年あたり150キロ」と述べられています。したがって、設問文は本文の内容と一致しません。

(4) 設問文には「『めんどりプラン』によって、アンゼール村は1年あたり1万ユーロの節約ができるだろう」とあります。ここで用いられている条件法現在形 pourrait は、この節約金額が確定したものではなく、あくまで村の見積もりであることを示すものです。第1段落の最後の文でも条件法現在形 devrait が使用されています。「これ（めんどりの配布）は、村にとってごみ収集経費から1年あたり1万ユーロの節約を可能にするはずである」という意味ですから、設問文と本文の内容は一致します。

(5) 第2段落第2文に、めんどり2羽を受け取る際の契約内容が説明されています。「めんどりは最低2年間、健康によい安全な場所で過ごすものとする」ですので、設問文と本文の内容は一致します。

(6) 設問文には「アンゼールの村長は、『めんどりプラン』を馬鹿にする人がいることを認めている」とあります。第2段落の第3文に引用されている村長 Pierre Marcel 氏のことばによれば、「われわれがおこなっているような活動を馬鹿にする人がいる」ということです。したがって、設問文は本

文の内容と一致します。se moquer de と rire de は同義語です。また、la nôtre は notre opération を指しています。

(7) 第2段落の第4文で、村長が「われわれの活動は子どもたちに向けた教育的な役割も担っている」と述べています。具体的には、エサのやり方を学び、エサをやっためんどりの産んだ卵を食べるという食の循環にくわえ、ごみのリサイクルを学び、あらたなペットとの関係も学ぶ、とも言っています。したがって、「子どもたちの教育に貢献するとは考えていない」とする設問文は、本文の内容と一致しません。

(8) 第2段落の最後の文で、来月に予定されている2回目のめんどり配布に向けた準備が語られています。「すべての住民が庭をもっているわけではないので、Pierre Marcel 氏は今、アイデアを発展させ、50羽ほどのめんどりを収容できる共用スペースの新設を考えている」と述べられています（直訳では「共用スペースを新設することによってアイデアを発展させたいと思っている」となります）。veut の使用から明らかなとおり、まだ実現していない意志の表明であるため、共用スペースの新設を完了した事実として複合過去形で提示する設問文と本文の内容は一致しません。

|解 答| (1) ①　(2) ②　(3) ②　(4) ①　(5) ①　(6) ①　(7) ②　(8) ②

練習問題 3

次の文章を読み、右のページの (1) ～ (8) について、文章の内容に一致する場合は解答欄の ① に、一致しない場合は ② にマークしてください。

Le conflit qui oppose les maîtres nageurs* des piscines publiques de Bourges à la mairie va-t-il bientôt toucher à sa fin ? Depuis mars dernier, les piscines font régulièrement l'objet de grèves de la part des maîtres nageurs, ce qui désespère les usagers** qui sont privés de leurs cours de natation.

Selon les grévistes, la ville augmente le nombre des cours, celui des maîtres nageurs restant le même. Ils sont aussi mécontents de travailler le dimanche pour le même salaire, sans aucun supplément. Plusieurs négociations se sont tenues entre les syndicats et la mairie, mais elles n'ont pas abouti à grand-chose pour le moment.

Lassés par les fermetures ponctuelles et la diminution du nombre des cours, les usagers réagissent. Ils ont d'abord envoyé à la mairie des courriers qui sont restés sans réponse. Ils ont aussi fait une pétition*** qui, en une semaine, a obtenu 2 500 signatures.

Il y en a même qui sont passés à l'action de manière plus violente. En effet, une trentaine de nageurs de l'une des piscines ont d'abord refusé de sortir de l'eau à dix-huit heures, car c'est à cette heure précise que les maîtres nageurs devaient se mettre en grève. Ensuite, ils ont bloqué de l'intérieur la porte d'entrée de la piscine avec des poubelles, et personne ne pouvait plus y entrer. Leur colère a été partiellement apaisée par l'arrivée sur place du maire qui leur a annoncé que la totalité des cours serait remboursée. Mais on ne sait toujours pas quand ceux-ci reprendront.

*maître nageur：水泳のインストラクター
**usager：利用者
***pétition：嘆願書

(1) Les maîtres nageurs ont commencé à faire des grèves en mars dernier.

(2) Même si les maîtres nageurs travaillent le dimanche, leur salaire reste le même.

(3) Les négociations tenues jusqu'ici entre les syndicats et la mairie ont permis de résoudre les problèmes.

(4) Les usagers mécontents n'ont rien fait auprès de la mairie.

(5) Pour protester contre la grève, des nageurs sont restés dans l'eau à l'heure où elle devait commencer.

(6) Une trentaine de nageurs en colère ont empêché l'accès à la piscine.

(7) Les nageurs en colère ne sont toujours pas totalement calmés.

(8) La ville va rendre leur argent aux usagers privés de cours.
(12)

解説　公営プールの水泳インストラクターによるストライキ、そしてこれに対する利用者の反応が紹介された文章です。

(1) 第1段落の第2文で、「この3月以降、いつもプールが水泳インストラクターによるストライキの対象となっている」と述べられています。設問文では「水泳インストラクターがこの3月にストライキを始めた」とありますので、本文の内容と一致します。

(2) 第2段落の第2文に対応します。ここでは、インストラクターたちが「日曜も、追加手当もなく、同じ給料で働いていることに不満を感じている」と述べられています。したがって、設問文の「日曜に働いても、給料は同じままだ」と本文の内容は一致します。

(3) 第2段落の最後の文で「労働組合と市役所の間で交渉がいくどかおこなわれたが、今のところたいした結果にはいたっていない」と述べられています。設問文では「交渉によって問題が解決した」と述べられていますので、本文の内容と一致しません。

(4) 第3段落で、まず、利用者が、プールが一時閉鎖されたり、レッスンがなくなったりすることにうんざりして、反発を示していることが指摘され、第2文では具体的に、彼らが市役所に手紙を送ったり、署名活動をおこなったことが述べられています。設問文では「不満をもつ利用者たちは、市役所に対してなにもしなかった」とありますから、本文の内容と不一致です。

(5) 第4段落は、もっと過激な行動に出た利用者についての話です（なお、この段落に出てくる nageurs「泳ぐ人たち」は、usagers「利用者」を指します）。第2文で、「30人ほどの利用者が18時にプールからあがることを拒否した」と述べられています。なぜ18時かというと、「インストラクターがストライキを始めることになっていたのが、まさにこの時刻だから」です。これは、「利用者たちは、ストライキに反対するために、ストライキが始まることになっている時刻になっても、水のなかにとどまっていた」とする設問文と一致します。

(6) 同じ第4段落の第3文で「彼らはごみ箱を使って、プールの入口ドアを内側からブロックした。こうして、だれもなかに入ることができなくなっ

た」と述べられています。これは、「30 人ほどの怒った利用者が、プールへの侵入を妨害した」とする設問文と一致します。

(7) つづく第 4 文で、「彼らの怒りは、市長が現地に来たことによって、部分的に収まった」と述べられています。設問文では、「怒った利用者らは完全に冷静さをとりもどしたわけではない」とありますので、本文の内容と一致します。partiellement「部分的に」が、設問文の totalement「完全に」の否定に対応しています。

(8) 同じ第 4 文の後半、maire につづく従属節で、市長が「彼ら（利用者たち）に、レッスン料の全額を返還すると宣言した」と述べられています。設問文でも、「市はレッスンを受けられなかった利用者たちに返金する」とあります。したがって、設問文と本文の内容は一致します。

解 答 (1) ①　(2) ①　(3) ②　(4) ②　(5) ①　(6) ①　(7) ①　(8) ①

練習問題 4

次の文章を読み、右のページの(1)〜(8)について、文章の内容に一致する場合は解答欄の①に、一致しない場合は②にマークしてください。

Le cerveau de l'homme a rétréci au cours des siècles : c'est le résultat d'une étude récemment menée par une équipe de spécialistes. En 30 000 ans, le volume du cerveau humain a diminué de 15 à 30 %, soit l'équivalent d'une balle de tennis. Le phénomène intrigue les chercheurs, qui affirment toutefois en majorité qu'il s'agit davantage d'un effet de l'évolution vers des sociétés plus complexes que d'une preuve que l'homme deviendrait de plus en plus bête.

Cette diminution n'est pas une surprise. Plus on est fort et massif, plus il faut de matière grise* pour contrôler son corps. Les hommes des temps anciens, comme l'Homme de Neandertal ou celui de Cro-Magnon, avaient plus de muscles et avaient un plus gros cerveau que les hommes modernes. Ces traits étaient nécessaires pour survivre dans un environnement hostile. Un même parallèle existe entre les animaux domestiques et les animaux sauvages. Ainsi les chiens-loups** ont un cerveau plus petit que les loups, mais ils sont plus intelligents, car ils comprennent les gestes de communication des hommes.

Il est important de savoir que l'intelligence humaine ne dépend pas, elle non plus, de la quantité de matière grise, mais plutôt de la capacité à communiquer et à vivre avec les autres. Un cerveau plus petit ne signifie pas moins intelligent, mais plus compétent. En effet, la réduction du volume du cerveau humain serait directement liée au développement de l'environnement social complexe. Les individus sont aujourd'hui obligés de coopérer au lieu d'être hostiles les uns aux autres. Ils n'auraient donc pas besoin d'avoir plus de matière grise, car ils peuvent être aidés par les autres. Par ailleurs, les scientifiques ont constaté que la taille du cerveau diminuait quand la densité de population augmentait. L'homme moderne n'est pas forcément plus bête que ses lointains parents. Il a simplement acquis beaucoup d'autres compétences.

*matière grise：脳
**chien-loup：シェパード犬

(1) Il y a 30 000 ans, le cerveau de l'homme était aussi petit qu'une balle de tennis.

(2) La réduction du volume du cerveau a plus de rapports avec le changement de la société qu'avec celui de l'intelligence de l'homme.

(3) Quand on a un corps gros et massif, on a besoin d'une grande quantité de matière grise.

(4) Vivant dans un environnement hostile, les chiens-loups possèdent un cerveau plus gros que celui des loups.

(5) L'intelligence de l'homme ne dépend pas forcément du volume du cerveau.

⑹ Pour vivre dans la société moderne, l'homme a besoin de plus de matière grise.

⑺ La diminution du volume du cerveau correspond à celle de la densité de population.

⑻ Cela n'a pas beaucoup de sens de comparer l'intelligence de l'homme ancien et celle de l'homme moderne à partir de la taille de leur cerveau.

(11)

解 説　人間の脳が歴史的に縮小してきたことと知性の発達との関連性を論じた文章です。ややこみいった内容ですが、ひとつひとつ論点を確認しながら読んでいきましょう。

⑴ 第1段落の第2文で、「3万年の間に、人間の脳の体積が15％から30％、すなわちテニスボール1個相当（l'équivalent d'une balle de tennis）が減少した」と述べられています。設問文では「3万年前、人間の脳はテニスボールと同じくらい小さかった」とありますので、本文の内容と一致しません。テニスボールは減少した重さの目安であって、脳そのものの大きさを言っているわけではありません。

⑵ 同じ第1段落の第3文に対応します。ここでは、研究者たちの見解として、脳の縮小が、「人間がだんだん愚かになってきたことを証拠づけるもの」ではなく、「社会がより複雑なものに変化してきたこと」と関係していることが述べられています。したがって、設問文の「脳の体積の減少は、人間の知性の変化よりも、社会の変化とより多くの関係がある」と一致します。

⑶ 第2段落の第2文で、「人間は、強く巨大であればあるほど身体をコントロールするためにより多くの脳が必要になる」と述べられています。これは、「人間は、大きく太った身体をしていると、大量の脳を必要とする」とする設問文と一致します。

⑷ 第2段落の後半部分で、危険な環境で生きていた古代人たちが現代人よりも大きな身体と脳を持っていたこと、そして、同じことが野生動物と家

[I] 1 次試験の傾向と対策　筆記試験 6

畜動物との間にも言えることが述べられています。そして、その具体例として、第 6 文で、「シェパードはオオカミよりも脳が小さい」ことが示されます。設問文では、「きびしい環境に生きているシェパードは、オオカミよりも大きな脳を持っている」とありますから、本文の内容と不一致です。

(5) 第 3 段落の第 1 文で、人間の知性は「脳の量ではなく、それよりも、伝達し、他者とともに生きる能力にかかっている」ことが強調されています。これは、「人間の知性は脳の量に左右されるとはかぎらない」とする設問文と一致します。

(6) 同じ第 3 段落の第 4 文で、「今日の人々は、敵対するよりも協力し合わなければならない」ことが述べられてから、第 5 文で、「したがって彼らはより多くの脳を持つ必要はない。なぜなら、他者に助けてもらうことができるからだ」と言われています。これは、「現代社会で生きるためには、人間はより多くの脳を必要とする」とする設問文とは一致しません。

(7) 第 3 段落の第 6 文で、科学者たちの指摘として、脳の縮小は「人口密度が高くなるときに」起こることが述べられています。設問文では、「脳の体積の減少は、人口密度の減少に対応する」とありますので、本文の内容と不一致です。celle de la densité de population の celle は diminution をうけていることに注意しましょう。

(8) 設問文には、「古代人と現代人の知性を、脳のサイズから比較するのは、あまり意味がないことだ」とあります。これは、個々の文というよりも、文章全体の内容から判断すべき設問です。すでに見たとおり、第 1 段落では、脳の縮小が「人間がだんだん愚かになってきたことを証拠づけるもの」ではないことが述べられていました。また、第 3 段落では、脳の縮小は、知性の減少ではなく能力の向上を意味していること（第 2 文）、実際、それは複雑な社会環境の発展と直接的な関係があること（第 3 文）が指摘されています。したがって、脳のサイズの大小から、人間の知性を判断したり、古代人と現代人の知性の優劣を比較することは、設問文にあるとおり「あまり意味のないこと」と考えられます。したがって、設問文と本文の内容は一致します。

解　答　(1) ②　(2) ①　(3) ①　(4) ②　(5) ①　(6) ②　(7) ②　(8) ①

7

長文を読み、その内容に関する日本語の設問に答える問題です。

この問題では 20 行から 25 行程度の文章について、内容の一部を**日本語で要約する**ことが求められます。問題文の論旨を段落ごとに整理し、設問に対応する箇所を見きわめたうえで、必要な内容を過不足なく網羅しながら、指定された字数内でこれを要約しなければなりません。本文の一部をそのまま訳出するだけでは解答としては不十分です。

設問の形式は、本文の論旨に沿って記述の内容を要約するもののほか、本文で話題にされている概念や用語の内容の説明を求めるものもあります。

練習問題 1

次の文章を読み、右のページの (1)、(2) に、指示にしたがって**日本語**で答えてください。句読点も字数に数えます。

Il est reconnu aujourd'hui que la musique a joué un rôle primordial dans le développement humain. Darwin lui-même l'a affirmé : la musique, du moins le fait de jouer avec les sons, est liée à la sexualité et à la reproduction chez les animaux. Cela permet d'attirer le partenaire de sexe opposé, de montrer sa vigueur physique.

Chez les êtres humains, la musique est présente depuis *Homo sapiens**. Le plus ancien instrument de musique jamais découvert — une flûte faite dans un os d'oiseau — l'a été dans les montagnes d'Allemagne du Sud. La musique aurait donné à l'*Homo sapiens* un avantage déterminant sur l'*Homo pekinensis***, en améliorant les rapports sociaux et la communication. Chanter ou danser en groupe, jouer d'un instrument ensemble, tout cela crée un lien fort qui assure l'union du groupe.

Au-delà du lien social et du plaisir esthétique, la musique a d'autres effets positifs. Elle permet de renforcer les capacités générales, par exemple en mathématiques ou en langues. C'est ce dont on devrait tenir compte dans les politiques d'éducation en France.

À mon avis, la musique à l'école ne doit pas être une matière secondaire. Elle doit être considérée comme une discipline de première importance qui contribue à développer de nombreuses aptitudes chez les enfants, comme l'attention, la mémoire, l'imagination, etc. Il faudrait prendre exemple sur l'Allemagne, qui a une vraie tradition d'éducation musicale, ou sur le Venezuela, où des jeunes de milieux populaires sont devenus, grâce à des programmes d'éducation spécifiques, des musiciens professionnels, dont certains réussissent aujourd'hui aux États-Unis.

*Homo sapiens：ホモ・サピエンス、現生人類
**Homo pekinensis：北京原人

(1) 筆者によれば、Homo sapiens が音楽のおかげで Homo pekinensis よりも決定的に優れていたのはどういう点ですか。(25字以内)

(2) 筆者は、フランスの学校教育において音楽はどうあるべきだと考えていますか。(35字以内)

(14)

解 説　人類の進化の歴史において音楽がはたした役割を述べたあと、現代フランスの教育における音楽の位置づけの見直しを主張する文章です。

(1) 第1段落では、音楽が人類の発達において重要な役割をはたしたことの傍証として、音との戯れが動物の性行為と繁殖に結びついているという Darwin の学説が紹介されます。そして、つづく第2段落の第3文では、ホ

モ・サピエンスと北京原人の比較がなされています。「音楽は社会的関係とコミュニケーションを改善したため、ホモ・サピエンスは、北京原人に対して決定的に優位に立つようになったらしい」。また、直後の文で、さらに具体的な説明が提示されています。「集団で歌ったり踊ったり、いっしょに楽器を演奏したりするのは、すべて、集団の統一を確固たるものにする、強い絆を作り出す」。以上の内容を指示どおり 25 字以内でまとめます。

(2) 第 3 段落では、音楽が、社会的紐帯と美的な楽しみのほかに、数学や言語の学習においてプラスの効果をもたらすという指摘がなされ、フランスの教育政策への提言へとつながっていきます。筆者の主張がもっともまとまった形で提示されているのは、第 4 段落の第 2 文です。「音楽は、注意力、記憶力、想像力など子どもの多くの能力をのばすのに貢献するもっとも重要な教科と見なされるべきである」。第 4 段落の後半部分では、ドイツやベネズエラを手本とすべきだと述べられていますが、かんじんなのは、第 3 段落にも明記されているとおり、音楽家養成のための教育ではなく、一般的な能力の向上に役立つ音楽教育の必要性です。35 字以内という字数制限を考慮して、中心となる主張だけをまとめます。

[解答例]
(1) 人間関係を円滑にし、集団の絆を強めていた点。（22 字）
(2) さまざまな能力を伸ばす最も重要な教科として扱われるべきだ。（29 字）

練習問題 2

次の文章を読み、右のページの(1)、(2)に、指示にしたがって**日本語**で答えてください。句読点も字数に数えます。

　Aujourd'hui, la culture française exerce-t-elle de moins en moins d'influence ? Oui, c'est entendu, « nous sommes en train de perdre la bataille numérique* », comme le regrette Thomas Millet, directeur de la Radio-Culture-France, dans son dernier essai. La révolution numérique, née en Californie, a donné tout le pouvoir à une poignée de sociétés internationales, toutes américaines : Apple alimente nos iPhones et nos iPads, avec des musiques et des applications dont elle garde le contrôle farouche ; Google ne se contente plus d'être le moteur de recherche** du web mondial, il tient désormais à devenir aussi le premier éditeur du monde — sans avoir jamais publié un seul livre ; Amazon est le plus grand magasin virtuel*** du monde, et Facebook, le plus grand pays virtuel de la planète. Et on n'a pas encore tout vu. YouTube, dirigé par Google, vient de créer 20 chaînes thématiques destinées à la télévision, tandis que Google TV vient d'atteindre l'Europe : les films américains, les distractions américaines, les images américaines vont donc nous envahir.

　Face à cette brutale invasion de notre continent par les Américains, que pèse la France, avec ce qui lui reste de désir d'éduquer, de faire monter le niveau ? Que veut l'Union européenne, dont la culture ne semble pas être la préoccupation principale ?

　Lorsque la concurrence culturelle est trop rude, que l'on ne s'estime pas apte à la compétition, grandit la tentation de se réfugier dans l'affirmation d'une différence quelconque, d'une supériorité purement spirituelle, d'une profondeur et d'une authenticité imaginaires. Et grandit aussi le désir d'édifier des barrages, que bien sûr, la tendance actuelle est destinée à emporter : quand une culture tente de protéger sa magnifique richesse historique, plutôt que de se développer dans l'échange avec les autres, elle est déjà en voie de disparition.

N'est-ce pas ce qui menace aujourd'hui notre Europe, notre France ?

*numérique：デジタルの
**moteur de recherche：検索エンジン
***virtuel：仮想の、バーチャルな

⑴ Thomas Millet 氏が憂えているのはどのような状況ですか。(45字以内)

⑵ 自国の文化が外的な脅威に直面したとき、人々はどのような行動におちいりやすいと筆者は述べていますか。2点（a、b）あげてください。(各20字以内。解答の順序は問いません)

(13)

解説 デジタル技術が発達した現代、アメリカのインターネット関連企業の影響力が増大するなか、フランス文化の地位が低下している状況についての文章です。

⑴ Thomas Millet 氏の懸念は、第1段落の第2文に引用されています。「われわれはデジタル戦争に敗北しつつある」。問題視されているのは、つづく文にあるとおり、「カリフォルニアで起こったデジタル革命によって、ひと握りの多国籍企業、すべてアメリカの企業に全権力があたえられたこと」

です。具体的には、Apple、Google、Amazon、Facebook、YouTube などがあげられています。この第 1 段落の内容を 45 字以内でまとめます。文字数が限られていますので、解答に固有名詞を入れる必要はありません。

(2) 第 2 段落では、アメリカ発のデジタル文化産業による「侵略」に対し、フランスや EU がどのように対抗すべきなのかという問題が提起されています。つづく第 3 段落で、一般論として、自国の文化が外的な脅威に直面したときの人々の反応が分析されています。まずこの段落を理解すべきです。

第 3 段落の第 1 文を、ことばをおぎないながら、わかりやすく訳してみると、「(他国との) 文化的な競争があまりに激しく、(自国が) 競争に向いていない気がするときには、(他国の文化に対して自国の文化が) なんらかのちがいや (物質的・経済的には劣るとしても) 純粋に精神的な優位をもっていると主張したり、(実際にあるかどうかは別にして) 自国の文化に深みがあるとか、自国の文化こそが (伝統に根づいた) 本物であると思い描いて、その深みや伝統を主張したりする方向に逃避したい誘惑が大きくなる」、となります。顕著な誤読として、l'on ne s'estime pas apte à la compétition という部分の s'estimer ＋形容詞「自分を～だと考える」という用法に気づかず、「競争を評価しない」と理解した答案が多く見られました。

「誘惑」の説明につづき、第 2 文では、もうひとつ別の「願望」が次のように解説されています。「さらにまた、(他国の文化に対する防護用の) 柵を設けたいという願望も大きくなる。もちろん、今日の (グローバル化の) 傾向からすると、その柵は押し流される運命にある。というのも、他国文化との交流によって発展するよりもむしろ、自国文化のすばらしい歴史的な豊かさを保護しようとするとき、その文化はすでに消滅の途上にあるからだ」

上記の 2 文を、いくつかのキーワードを軸にして、各 20 字以内で要約しましょう。キーワードとしては、「優位」、「保護」など、本文中にある単語を使うだけでなく、「独自性」、「閉鎖的」のように、本文を要約的に言いかえる表現を用いるのも有効です。

[解答例]
(1) アメリカ企業がデジタル革命をリードし、フランス文化の影響が低下している状況。(38 字)
(2) (a) 自国文化の独自性や優位を主張する。(17 字)
　　(b) 自国文化を保護して閉鎖的になる。(16 字)

練習問題 3

次の文章を読み、右のページの (1) ～ (3) に、指示にしたがって**日本語**で答えてください。句読点も字数に数えます。

Qu'est-ce qu'une « grand-mère au pair* » ? Plusieurs agences ont lancé cette nouvelle forme de garde en France il y a quelques années, encouragées par l'expérience de l'Allemagne où le système connaît un grand succès. « Disponibles et expérimentées, les grands-mères du nouveau siècle ne sont pas décidées à rester inactives. Elles veulent être utiles à la société, même après avoir élevé leurs enfants et exercé une vie professionnelle. Tels sont leurs motifs pour se mettre sur les rangs de ce nouveau métier », explique Isabelle Binoche, fondatrice de la première agence française du genre, *Mamie-sitter. com.*

Âgées de 50 à 75 ans, ces grands-mères au pair partent aux États-Unis, en Argentine, au Portugal, etc. pour y travailler quelques mois ou même un an. L'hébergement et la nourriture sont la compensation de leurs services auprès des enfants et dans les petites tâches ménagères, exactement comme pour les jeunes filles au pair. « Ces grands-mères ont un point commun : dans leur jeunesse, elles n'ont pas eu la chance de voir d'autres pays. Elles veulent donc rattraper le temps perdu », confirme Isabelle Binoche. « Vivre à l'étranger, apprendre une nouvelle langue, avoir des activités culturelles, c'est aussi un exercice intellectuel capital pour conserver le cerveau vif. »

Pourtant, elle constate récemment un changement dans le « marché » avec l'augmentation de la demande à l'intérieur de la France même. C'est une conséquence directe du manque de places dans les crèches**. Les parents sans solution de garde qui envisagent cet échange de bons procédés, sont en constante augmentation : par rapport aux jeunes filles, ils jugent plus fiables*** les grands-mères au pair, qui sont des femmes d'expérience.

*au pair：住みこみの
**crèche：保育所
***fiable：信頼できる

(1) Isabelle Binoche によると « grand-mère au pair » として働くことを望む女性の動機は何だとされていますか。(25字以内)

(2) Isabelle Binoche によると « grand-mère au pair » として働く女性にはどのような共通点があるとされていますか。(25字以内)

(3) Isabelle Binoche によると « grand-mère au pair » の「市場」に変化がみられるとされますが、それはどのような変化ですか。(15字以内)

(12)

解説 文章のテーマは « grand-mère au pair » です。au pair とは、日本語でも「オペア（オーペア）」と呼ばれていますが、住みこみで、家事手伝いやベビーシッターをして報酬をもらうことです。一般的には、留学や外国での生活体験のために、現地の家庭にホームステイし、その家で働きながら生活することを指します。フランスでは、たいてい、若い女性が「オペア」をしているため、«(jeune) fille au pair » という言い方がふつうですが、« grand-mère au pair » はこの言い方をもじったものです。

(1) « grand-mère au pair » として働くことを望む女性の動機については、第1段落で直接引用されている Isabelle Binoche 氏の発言の第2文で述べら

れています。「彼女たちは、子どもを育て、職業人としての人生を終えたあとでも、社会にとって有益でありたいと思っている」のです。この部分をあたえられた文字数25字以内でまとめます。

 (2) « grand-mère au pair » として働く女性の共通点は、第2段落の Isabelle Binoche 氏の発言で述べられています。彼女らは「若いときに、不運にも、ほかの国を見ることができなかった。だから、失われた時間をとりもどしたいと思っている」。そして、彼女らにとって「外国で生活し、新しい言語を学び、文化的な活動をすることは、脳を活発に保つのに重要な知的活動でもある」のです。25字以内という字数制限があるため、若いときにできなかったことをしたいこと、そのために外国で生活をすること、の2点を要約しましょう。

 (3) « grand-mère au pair » の「市場」の変化に関する Isabelle Binoche 氏の説明は、第3段落の第1文にまとめられています。avec 以下の「フランス国内での需要の増加」が正解となります。実際の試験では、「『市場』の変化」を誤って理解した答案がかなり見うけられました。「保育所が不足している」ことや「若い女性より経験豊かな女性が求められる」ことは、「変化」すなわち国内での需要増加の要因または社会背景にあたります。

[解答例]
(1) 年をとっても社会的に有益な活動を続けたいから。(23字)
(2) 若い時にできなかった外国での生活を望んでいる点。(24字)
(3) フランス国内での需要の増加。(14字)

[練習問題 4]

次の文章を読み、右のページの(1)〜(3)に、指示にしたがって**日本語**で答えてください。句読点も字数に数えます。

En France, actuellement, près d'un mariage sur deux ne dure pas et 2,9 millions de mineurs vivent avec un seul parent. Les enfants du divorce sont tellement nombreux que leur situation semble totalement banalisée. Et pourtant, leur souffrance est indéniable. C'est ce que montre une enquête menée par une association auprès de 1100 personnes, âgées de 18 ans à plus de 56 ans. Elles ont expliqué comment elles vivaient ou avaient vécu le divorce de leurs parents.

Premier constat : cette séparation a eu des effets à long terme sur la personnalité de près de neuf participants sur dix. Alors que plus de 55 % des divorces sont prononcés par consentement mutuel — et devraient donc être moins choquants —, les enfants gardent pourtant la peur d'être abandonnés. Ils manquent de confiance en eux, voire se sentent coupables. Rares sont ceux qui déclarent avoir tiré des bénéfices de cette période.

Le divorce a également des conséquences sur la réussite scolaire et donc la vie professionnelle des enfants. Selon cette étude, 56 % regrettent d'avoir raccourci leurs études, disent avoir souffert de conditions matérielles peu propices à la course aux diplômes ou encore de difficultés de concentration. Pour 41 % d'entre eux, cela a eu en plus des répercussions sur leur profession, notamment ceux qui ont accepté le premier travail venu pour quitter au plus vite le milieu familial.

« Il y a deux moments difficiles pour les enfants lors du

divorce de leurs parents », explique Patrice Lemaire, un psychiatre : « la période de trois à six ans et surtout l'adolescence car c'est l'époque où le jeune doit rompre avec les images idéales qu'il s'était faites de ses parents. Mais pour pouvoir critiquer une image, il ne faut pas qu'elle devienne une illusion. » Pour « limiter les dégâts », il conseille de dire la vérité aux enfants et de ne surtout jamais demander à un enfant de donner son avis sur la situation et encore moins de prendre parti pour son père ou sa mère.

(1) 筆者は、両親の離婚が子どもの心理にどのような影響をあたえる可能性があると指摘していますか。3点を要約してください。(30字以内)

(2) 筆者は、両親の離婚により学業を早めにあきらめる子どもが多い理由をどのように説明していますか。(25字以内)

(3) 精神科医 Patrice Lemaire は、両親が離婚した子どもが思春期に危機を迎える理由をどのように説明していますか。(35字以内)

(11)

解説 フランスのある協会が、両親の離婚を経験した1100名を対象にしておこなったアンケートの結果が紹介されています。両親の離婚が子どもたちにどのような影響をあたえたのかを読み取ることがポイントになります。

(1) 両親の離婚が子どもにどのような心理的影響をあたえうるかについては、第2段落で述べられています。アンケートによれば、9割近くの子どもが、人格的な影響を長期にわたって受けていました。第2文の後半で les enfants gardent [...] la peur d'être abandonnés「子どもたちは見捨てられるのではないかという恐れをいだきつづける」、第3文で Ils manquent de confiance en eux, voire se sentent coupables.「彼らは自信を失うばかりか、罪悪感さえ感じる」と説明されていますので、この部分を30字以内でまと

めます。

(2) 第3段落で、56％の子どもたちが学業をあきらめたことを後悔している、と述べられています。第2文の後半、(56 %) disent avoir souffert de conditions matérielles peu propices à la course aux diplômes ou encore de difficultés de concentration「（56％の子どもたちは）経済的状況が卒業証書の獲得競争にあまり適していなかったこと、さらに集中することが困難だったことに苦しんだ、と述べている」を、25字以内でまとめます。matériel(les) は、ここでは「経済的な」状況、つまり学資などが工面できないことを指しています。

(3) 第4段落では、精神科医 Patrice Lemaire 氏の見解が紹介されています。彼によると、両親の離婚に際して、子どもたちには2つの困難な時期があります。3歳から6歳にかけての時期と思春期です。そして、この思春期について、Lemaire 氏は c'est l'époque où le jeune doit rompre avec les images idéales qu'il s'était faites de ses parents「子どもが自分の両親について作り上げていた理想像から決別しなければならない時期」であると説明しています。そして、両親が離婚した子どもたちにとって、この決別が困難になるのです。これを35字以内でまとめます。

[解答例]
(1) 見捨てられたと感じ、自信を失い、罪悪感まで抱く。(24字)
(2) 経済的に苦しく、学業に集中できないため。(20字)
(3) 両親の理想的イメージを捨て去るという不可欠な段階が踏まれないため。(33字)

8 　和文仏訳の問題です。

　出題される文章の長さは3、4行程度、以下の練習問題のように、3つの文から成ることが多く、内容は、1人称で日常の情景や身のまわりの出来事について述べるものが出題されることもあれば、3人称で客観的な記述や説明をおこなう文が出題されることもあります。

　和文仏訳の問題では、語の形態変化（派生）や構文、前置詞の用法、動詞の法と時制といった要素にくわえ、冠詞のように文脈に応じた使い分けが必要なものについても正確な知識が求められます。文法、語法のほか語彙に関する一定の知識が解答の前提になることは言うまでもありませんが、ここで求められているのは、もちろん単語や語句のレベルで日本語とフランス語を対応させることではありません。

　たとえば、フランス語の表現では日本語のように主語の省略が許されていない一方、その主語に好んで非生物を用いるなど、日本語とは発想そのものを変えなければならない場合もあります。またフランス語は同一の語や語句の反復を嫌う傾向があり、日本語では同じ語が繰り返されていても、フランス語に訳す場合は別の語や表現で言いかえる工夫が必要になります（こうした言いかえの際、筆記 1 で見た動詞の名詞化の知識が有効になることがあります）。フランス語で「書く」ということはフランス語に固有の論理にしたがうこと、つまりはフランス語で「考える」ことなのです。

練習問題1

次の文章をフランス語に訳してください。

　仕事帰りに、駅前の花屋で小さな花束を買った。「ご自宅用ですか」と聞かれて、とっさに「プレゼント用です」と嘘をついてしまった。一人暮らしの部屋に帰って、花をグラスに生けながら、まあいいかと思った。

(14)

[解説] 「仕事帰りに、駅前の花屋で小さな花束を買った。」[解答例] のように、En rentrant du travail とするかわりに、Au retour du bureau (または de mon bureau) とすることも可能です。日本語の「駅前」が指す範囲はか

なり漠然としているので、devant のかわりに、en face de はもちろんですが、près de や à côté de としてもかまいません。

「『ご自宅用ですか』と聞かれて、」解答例 の Quand il m'a demandé si c'était pour moi 以外に、日本語の文章のように直接話法を用いて、Quand il m'a demandé : « c'est pour vous ? » としてもかまいません。さらにコンパクトに、À sa question : « c'est pour vous ? » とすることも可能です。「ご自宅用」を意味する表現としては、pour vous のかわりに、pour chez vous、à usage personnel、pour votre usage personnel なども可能です。直訳の pour votre maison は許容できないわけではありませんが、やや不自然です。

「とっさに『プレゼント用です』と嘘をついてしまった。」解答例 の sur le champ のかわりに、immédiatement、aussitôt、sans hésiter、sans réfléchir といった表現も可能です。また、pour offrir のかわりに、pour un cadeau、あるいはただ un cadeau としてもかまいません。ただし、冠詞なしの c'est pour cadeau は不可です。フランス語で文を作る場合は、どの動詞を中心にしたどのような構文にするか、その構文に合わせた語彙や表現の選択ができるかどうかがポイントです。ここではジェロンディフを用いながら、mentir という動詞と、répondre という動詞を組み合わせる工夫が重要になります。

「一人暮らしの部屋に帰って、」解答例 の De retour のかわりに、À mon retour、Rentré(e)、Une fois rentré(e)、Étant rentré(e)、Après être rentré(e)、Quand je suis rentré(e) などの表現を使用してもかまいません。その場合、動詞（過去分詞）については、rentré(e) のかわりに revenu(e) や arrivé(e) も可能です。「部屋」を指すフランス語としては、この文脈では le studio のかわりに、le logement、la chambre、l'appartement を使用してもかまいません（もちろん、それぞれの含意はことなりますので、確認しておきましょう）。また、je vis のかわりに j'habite を使うことも可能です。

「花をグラスに生けながら、まあいいかと思った。」「生けながら」のジェロンディフの部分に tout はなくてもかまいません。mettre のかわりに、disposer、arranger という動詞を使用することも可能です。基本単語であるにもかかわらず、*une* verre とした答案が多く見られました。名詞の性には注意しましょう。また、解答例 の je me suis dit que にかえて、j'ai pensé que にしてもかまいません。直接話法にすることも可能ですが、その場合は時制に注意しましょう。「まあいいか」という日本語に相当するフランス語の表現としては（わかりやすくするために直接話法で書くならば）、« Ça ne fait rien. » のほかに、« Peu importe ! »、« Qu'importe ! »、« Ça n'a pas d'importance. »、« Ça n'a aucune importance. »、« Ça importe peu. »、« Ce n'est pas grave. » などが考えられます。また、Ça のかわりに Cela でもかまいません。ただし、« Ça va. » や « Tant pis ! » は不可です。

[解答例]

En rentrant du travail, j'ai acheté un petit bouquet chez le fleuriste qui se trouve devant la gare. Quand il m'a demandé si c'était pour moi, j'ai menti en répondant sur le champ que c'était pour offrir. De retour dans le studio où je vis seul(e), tout en mettant les fleurs dans un verre, je me suis dit que ça ne faisait rien.

[I] １次試験の傾向と対策　筆記試験 8

> 練習問題 2

次の文章をフランス語に訳してください。

今朝、近所のパン屋にクロワッサンを買いに行ったら、先週閉店したという貼り紙が出ていた。ないと思うと無性に食べたくなり、今まで行ったことのなかった店で買ってみたら、前の店よりもおいしかった。

(13)

解　説　「近所のパン屋にクロワッサンを買いに行ったら」の部分で、まず「行ったら」の訳は、**解答例**のように quand je suis allé(e) とするかわりに、ジェロンディフで en allant とすることも可能です。quand のかわりに comme を使用する場合は、動詞を半過去形にし、comme j'allais とする必要があるので注意しましょう。「近所のパン屋に」は、à la boulangerie du coin のかわりに、dans la boulangerie de mon quartier や chez le boulanger de mon quartier としてもかまいません。説明的になりますが、à la boulangerie qui est près de chez moi（または qui est à côté de chez moi）なども可能です。

「～という貼り紙が出ていた」の部分は、**解答例**の j'ai trouvé une pancarte annonçant ... 以外に、il y avait une pancarte qui annonçait ... といった表現も可能です。「貼り紙」は、une affiche、un avis、un papier も可能ですが、*une note*、*un panneau* は不適切です。「先週閉店した」の部分は、qu'elle avait (définitivement) fermé (ses portes) (depuis) la semaine dernière という書き方もできます。que を使わずシンプルに、la fermeture (définitive) du magasin (depuis) la semaine dernière とすることも可能です。上記の場合、カッコのなかの語はあってもなくてもかまいません。ただし、**解答例**のように qu'elle était fermée という半過去形を用いて、閉店を状態として記述する場合は、depuis la semaine dernière にします。

「ないと思うと無性に食べたくなり」の部分は、**解答例**のように、コンパクトな絶対分詞節を用いることはなかなかむずかしいでしょう。ジェロンディフを使えば、En pensant que je n'en aurais pas, j'ai été pris(e) d'une envie irrésistible のように訳すこともできます。À l'idée de ne pas en avoir, mon envie de croissant est devenue irrésistible とすることも可能です。d'autant

105

plus que という表現を使って、J'avais d'autant plus envie d'en manger qu'il n'y en avait pas と訳すこともできます。いずれにせよ、どの動詞を中心にしたどのような構文にするか、その構文に合わせた語彙や表現の選択ができるかどうかがポイントです。

「今まで行ったことのなかった」の部分は、encore のかわりに jusqu'alors や jusque-là を使用してもかまいません。また、aller のかわりに se rendre を使うことも可能ですが、その場合は代名動詞ですので、活用と過去分詞の一致に注意しましょう（語り手が女性の場合は、où je ne m'étais pas rendue jusqu'alors となります）。

「前の店」の「店」の部分は celle ではなく、もちろん la boulangerie としても、le magasin, la boutique を使ってもかまいません。「前の」は、d'avant のかわりに形容詞 précédent を使うこともできます（名詞の前後、どちらにも置くことが可能です）。ただし、組み合わせに要注意です。la boulangerie précédente は問題ありませんが、celle と形容詞を直接つなげて *celle précédente* とすることはできません。また、形容詞 ancien を使う場合は、*l'ancienne boulangerie* ではなく、mon ancienne boulangerie とする必要があります。

「前の店よりもおいしかった」は、[解答例] の meilleur que dans celle d'avant のほかに、meilleur que les croissants de la boulangerie d'avant などとしてもかまいません（les croissants のかわりに ceux を使うことも可能です）。多かった誤答として、meilleur のかわりに *mieux* や *plus bon* を使った例が見られました。また、比較の対象が不正確なもの、たとえば *le goût était meilleur que le magasin précédent* というタイプの解答も散見されました。

[解答例]

Ce matin, quand je suis allé(e) acheter un croissant à la boulangerie du coin, j'ai trouvé une pancarte annonçant qu'elle était définitivement fermée depuis la semaine dernière. L'idée d'en être privé(e) ayant rendu mon envie de croissant irrésistible, j'en ai acheté un dans une boulangerie où je n'étais encore jamais allé(e) : il était meilleur que dans celle d'avant.

[I] 1次試験の傾向と対策　筆記試験 8

練習問題 3

次の文章をフランス語に訳してください。

　私が目を覚ました時、隣にいるはずの猫がいなかった。どこに行ったんだろうと思っていると電話が鳴った。隣の奥さんが「お宅の猫ちゃんがうちの庭にいますよ」と言うので行ってみると、気持ちよさそうにひなたぼっこをしていた。

(12)

　解説　「私が目を覚ました時」の部分は、解答例にある À mon réveil 以外に Lors de (または Au moment de) mon réveil なども可能です。また Quand (または Lorsque) je me suis réveillé(e) と文で書いてもかまいません。se réveiller のかわりに s'éveiller を使うこともできます（名詞形の éveil は今日では意味がことなりますので、à mon éveil は不適当です）。
　「隣にいるはずの猫がいなかった」の「隣に」の部分は、解答例の à côté de moi 以外に、à mes côtés、près de moi、auprès de moi が可能です。「いるはず」は devoir を使いますが、文全体の時制が過去であること、それから事実に反する仮定であることから、条件法過去形を使って aurait dû となります。J'aurais dû téléphoner à ma mère「母に電話するはずだった（のにしなかった）」など、日常的によく用いられます。「いなかった」は、解答例の n'y était point のほかに、n'y était pas、n'était pas là、n'était point là とも訳せますし、disparaître「消える、姿を消す」を使って avait disparu でもかまいません（大過去形にするのを忘れないでください）。
　「どこに行ったんだろうと思っていると」の「どこに行ったんだろう」の部分は、解答例の où il était passé のほかに、où il était allé、（「どうなったのか」と意訳して）ce qu'il était devenu も可能です。「いったいどこに行くことができたのか」という疑念を示すために pouvoir を用いて où il avait bien pu passer (または aller、devenir) とも訳せます。いずれの場合も、大過去形を用いることに注意しましょう。「～していると」は Alors que 以外に Tandis que、Comme を使ってもいいでしょう。
　「隣の奥さんが『お宅の猫ちゃんがうちの庭にいますよ』と言うので」の部分は、解答例では、et la voisine m'a dit que mon chat était dans son

jardin「そして、隣の奥さんが『お宅の猫ちゃんがうちの庭にいますよ』と言った」と、et によって前文につづけられています。このように、和文仏訳では、かならずしも日本語の文章の区切りに忠実である必要はなく、文意を尊重していれば、フランス語としてより自然な訳を優先してもかまいません。もちろん、日本語文に対応させて、La voisine m'ayant dit que ... 、Comme la voisine m'a dit que ... と訳しても問題ありません。同様に、「『お宅の猫ちゃんがうちの庭にいますよ』」の部分も、解答例 では間接話法が使われていますが、Comme la voisine m'a dit : « Votre (petit) chat est dans mon jardin » のように、直接話法で訳すのももちろん可能です。「隣の奥さん」は、日本語ではいろいろなニュアンスがありますが、la voisine でかまいませんし、「隣人」だけではぶっきらぼうな感じがするなら la dame d'à côté とも訳せます（ただし、*madame la voisine*、*la femme d'à côté* は不自然なので不可です）。

「行ってみると」の部分でも、解答例 では J'y suis donc allé(e) ... と、文が新しく始められていますが、La voisine m'ayant dit que mon chat était dans son jardin, j'y suis donc allé(e) のように日本語文に合わせて訳してもかまいません。また、J'y suis donc allé(e) et ... のかわりに Quand j'y suis allé(e), je ...、En y allant, je ... とも訳せます。

「気持ちよさそうにひなたぼっこをしていた」の「ひなたぼっこ」のように、日本語特有の表現が出てきたときは、それがどういう行動・状態を表わしているのかを正確に判断してから、訳にとりかかることが大切です。解答例 では se prélasser「（ゆったりと）くつろぐ」という意味の代名動詞を使って se prélassant au soleil と訳しています。「気持ちよさそうに」はすでに se prélasser にふくまれていますので、わざわざ訳出しませんでした。そのほかに、prenant un bon bain de soleil、se chauffant agréablement au soleil などと訳すこともできます。現在分詞ではなく qui se prélassait (prenait、se chauffait) ... と関係代名詞でつづけることもできます。実際の試験では、au soleil を *sous le soleil*、*en plein soleil* と書いた例が見られましたが、前者は「地上で、この世で」という意味ですし、後者は「陽がさんさんと照りつけるなかで」と日光の状態を示しているので日本語の文意にはそぐいません。また、agréablement は confortablement と訳してもいいでしょう。

[解答例]

À mon réveil, mon chat qui aurait dû être à côté de moi n'y était point. Alors que je me demandais où il était passé, le téléphone a sonné et la voisine m'a dit que mon chat était dans son jardin. J'y suis donc allé(e) et je l'ai trouvé se prélassant au soleil.

[練習問題4]

次の文章をフランス語に訳してください。

　先日地下鉄の中で座っていたら、80歳くらいのおばあさんが乗車してきた。私は彼女に席を譲った。反対側に座っておしゃべりに興じていた中学生の女の子2人も、その直後に立ちあがった。私に席を譲ろうとしたのだろうか。

(11)

[解　説]　「先日地下鉄の中で座っていたら」の「～ていたら」の部分は、[解答例]にある comme 以外に、quand、alors que、tandis que などが可能です。また、シンプルに j'étais assis(e) dans le métro et une vieille dame ... と et でつないでもかまいません。「80歳くらいの」はさまざまな訳し方が可能です。[解答例]では、de を使って、d'à peu près 80 ans としましたが、de 80 ans à peu près、d'environ 80 ans なども可能ですし、âgée de ～ を使うこともできます。そのほか、dans les 80 ans、ayant à peu près 80 ans、qui avait environ 80 ans なども可能です。なお、*vers 80 ans* は正しい表現ではありません。「おばあさん」は、une vieille femme、une vieillarde とも訳せます。
　「譲る」は、céder のほかに laisser、donner、abandonner、passer も可能です。「席」はここでは place としなければなりません。*siège* とすると、「いす、座席」の意味になってしまい、不適切です。
　「中学生の女の子」は collégiennes が正しい訳で、*lycéennes*、*écolières* はまちがいです。「反対側に」は de l'autre côté のほか、en face、du côté opposé なども可能です。「おしゃべりに興じていた」のニュアンスを表現し

ようとするとうまくいかなくなってしまうことが考えられます。こんなときは、それがどのような光景なのかを考えて「ずっと話していた、しきりにしゃべっていた」の意味で訳せば十分です。解答例では qui étaient en pleine conversation としましたが、qui parlaient（または bavardaient、conversaient、causaient、s'entretenaient）avec animation（または avec entrain）や qui étaient plongées dans une（または leur）conversation と訳すこともできます。「直後」は、Tout de suite après のほか、Aussitôt après、Immédiatement après、Juste après とも訳せます。また、Tout de suite、Aussitôt、Immédiatement だけでもかまいません。

「私に席を譲ろうとしたのだろうか」の「〜したのだろうか」は、Ont-elles voulu ... ?、Auraient-elles voulu ... ?、Cela aurait-il été pour ... ?、Était-ce dans（または avec）l'intention de ... ? などの訳し方ができます。Je me demande si ... でも可能ですが、*Je me demande que ...* とすることはできません。なお、ここでの「席」は「彼女たちの席」の意味ですから leur place（または leurs places）となります。

解答例

L'autre jour, comme j'étais assis(e) dans le métro, une vieille dame d'à peu près 80 ans est montée. Je lui ai cédé ma place. Tout de suite après, deux collégiennes, qui étaient assises de l'autre côté et qui étaient en pleine conversation, se sont levées aussi. Était-ce pour me céder leur place ?

書き取り試験

　書き取り試験は、聞き取り試験とともに筆記試験の後半におこなわれます。「書き取り」には文章の「聞き取り」と、聴取した内容の「表記」という2つの要素がふくまれ、しばしば指摘されるように、語彙のほか、文法、語法をふくむ「フランス語の総合的な力」がためされることになります。性数の一致など、文法上の問題に注意することはもちろんですが、文章の全体像が把握できなければ、致命的なミスをおかすことになりかねません。書き取りの試験でも、ほかの長文問題と同様、内容の正確な理解が解答の前提になることを忘れないでください。

　試験は録音テープまたは CD を使っておこなわれ、フランス語の文章が計3回読まれます（準1級で出題される文章の分量は 90〜100 語程度です）。1回目はふつうの速さで読まれますので、この間にメモをとりながら話の内容をおさえるようにします。2回目は virgule、point など、句読点とともにポーズをおいて読まれますから、ここで書き取りをおこないます。3回目はふたたびふつうの速度で読まれます。書き取った文章と照らし合わせながら、書きもらしや聞き取りの誤りがないかもう1度確認してください。このあと見直しのための時間が3分間あたえられます。

　以上の進行の概要は解答用紙の表面に「書き取り試験注意事項」として明記されており（p.11 参照）、録音テープ、CD でも同じ指示が繰り返されます。

　なお、**ディクテの際、point の指示のあとは大文字で始めなければなりません。また、アクサンは明確に書いてください**（傾斜の向きに注意。シルコンフレックスの場合は、はっきりとした「屋根型」にする）。アクサン記号の向きだけでなく、表記のあいまいなもの、正しく判読できないものは誤答と見なされます。

　また、文中で用いられるおもな句読点には、virgule、point 以外に次のようなものがあります。

- ;　　point-virgule
- :　　deux-points
- ?　　point d'interrogation
- !　　point d'exclamation

引用符 guillemets（« » または " "）が使用されている場合は、« Ouvrez les guillemets. »、« Fermez les guillemets. » と指示されます。

練習問題 1

注意事項

　フランス語の文章を、次の要領で 3 回読みます。全文を書き取ってください。
・1 回目は、ふつうの速さで全文を読みます。内容をよく理解するようにしてください。
・2 回目は、ポーズをおきますから、その間に書き取ってください（句読点も読みます）。
・最後に、もう 1 回ふつうの速さで全文を読みます。
・読み終わってから 3 分後に、聞き取り試験に移ります。
・数を書く場合は、算用数字で書いてかまいません。

〈CD を聞く順番〉 ◉ ❶ ⇨ ◉ ❷ ⇨ ◉ ❶

(14)

　解 説　長距離フライトの間ずっと隣席の乗客が口論をしていたうえ、到着地の天気も悪く、車で迎えにくるはずの妹も渋滞に巻き込まれて遅れたせいで、疲れきってしまったという話です。
　スペルおよびアクサンのミスから確認していきましょう。たとえば第 3 文の hôtesses については、h*o*tesses、h*ott*esses と書くまちがいが多く、正確に書けたものは 3 割以下でした。第 2 文の criant を *client*、*clients* と書く答案が散見されました。語彙力と文法理解の問題でもありますが、もともと l と r、あるいは b と v のような音を聞き分けるのが苦手な人は日ごろから注意しましょう。第 5 文の pleuvait については、*pluvait*、*pl*o*uvait*、*prouvais* などの誤答がありました。第 8 文の n'en pouvais については、*n'en p*e*uvais*、*m'en pouvais*、*ne pouvais*、*n'en peuvai*t、*n'en pouvait* などの誤答がありました。
　書く頻度の低そうな単語の正答率は低調でした。第 7 文の un embouteillage については *un bouteillage*、*un bout*ai*llage*、*en bouteillage* などの誤答がめだ

ちました。第8文の *exténuée* はそもそも知らない単語だったのか、*externuée*、*extaignée*、*extaignuée* などと聞き取った音を適切な単語にむすびつける過程で苦労している答案にくわえ、*ext<u>e</u>nué*、*ext<u>e</u>nuée* など、アクサンのミスもめだちました。

性数のとりちがえ、性数一致のミスも散見されました。まず、第3文の parvenues については、*parvenu*、*parvenus*、*parvenue* とした答案が多く見うけられました。第7文の prise については、*pris*、*prises* という誤答も散見されました。

最後に、文の構造や単語と単語のつながりを理解せず、聞き取れた音だけを書き取ったことによる誤答を見ておきましょう。第2文の se disputer に se を書き落とした答案が多数認められました。また、第3文の à les calmer を *aller calmer*、*les calmés* などとしたケースがかなりありました。第4文の moins le quart を *moins quart* としたもの、第5文の un froid を不定冠詞なしで *froid* としたもの、あるいは *en froid* などとしたものもめだちました。第7文の n'y est という部分は、*ni est*、*n'y ait* などの誤答にくわえ、*est*、*y est*、*n'est* などの不十分な解答もめだちました。おなじく第7文の qu'à についても、*à* のみ記した答案、*car* とした答案が散見されました。最後に第8文の J'aurais pu については、*J'aurais* のみ記した答案がめだちました。pouvoir や devoir の条件法過去は、日常会話における語調緩和に必要です。例文を覚えて実際に使えるようにしておくとよいでしょう。

解答（読まれる文）　Mon voyage de 18 heures a été vraiment pénible. À côté de moi, dans l'avion, deux passagers américains n'ont cessé de se disputer en criant très fort. Malgré des efforts multiples, les hôtesses de l'air ne sont pas parvenues à les calmer. Je suis enfin arrivée ce matin à 9 heures moins le quart à Toulouse. Il pleuvait et il faisait un froid épouvantable. Ma sœur cadette devait venir me chercher à l'aéroport. Mais, prise dans un embouteillage infernal, elle n'y est arrivée qu'à 10 heures et demie. J'aurais pu prendre un autobus, mais je n'en pouvais plus, j'étais exténuée.

練習問題 2

注意事項

　フランス語の文章を、次の要領で 3 回読みます。全文を書き取ってください。
- 1 回目は、ふつうの速さで全文を読みます。内容をよく理解するようにしてください。
- 2 回目は、ポーズをおきますから、その間に書き取ってください（句読点も読みます）。
- 最後にもう 1 回ふつうの速さで全文を読みます。
- 読み終わってから 3 分後に、聞き取り試験に移ります。
- 数を書く場合は、算用数字で書いてかまいません。

〈CD を聞く順番〉 ◉ ❸ ⇨ ◉ ❹ ⇨ ◉ ❸

(13)

解説　真冬の森で自動車に閉じ込められながら、雪を食べて 2 週間生きのびた女性の話です。

　スペルおよびアクサンのミスから見ていきましょう。第 1 文の bois を正確に書けたものは 6 割にみたず、*boits*、*boit*、*voies*、*vois* などと書いた答案が散見されました。第 2 文の véhicule については、*v_ehicule*、*veicule*、*v_eicure*、さらには英語のように *vehicle* と書いたまちがいが多く、第 5 文の plausibles を *pro_sible* とした誤答もめだちました。同じ文字が重なる単語はミスが多くなります。第 2 文では、nourriture を *nouriture*、*norriture* としたり、température を *temperature* としたりする答案が多く見られました。その一方で、第 4 文の arrivée を *arrivé*、*arriver* としたり、secours を *secour* とするなど、発音されない文字を書きそこねるケースもめだちました。

　性数のとりちがえ、性数一致のミスにも注意してください。第 1 文の recouverte は、ほとんどの受験者が聞き取れたようでしたが、*recouvert*、*recouvertée*、*ré_couverte* などの誤答がありました。第 2 文の elle a été bloquée の過去分詞については、男性形 *bloqué* のままの答案がかなり見うけられました。

　聞き取れた音だけを頼りにして、文の構造や単語と単語のつながりを理解

しないまま書き取ったと思われる誤答も、例年同様めだちました。たとえば、第 2 文の est resté を、*et restait*、*et resté*、*est restée*、*et rester*、*et restée* などと書いた例がかなりの数にのぼりました。同様に、第 6 文の par ces températures の部分で、*par ses*、*par cette*、さらには *passer*、*passé* と書いた解答が多く見られました。第 4 文の elle était en très mauvais état のリエゾン部分については、en を書き落としたり、*était tant*、*était un* としたりする誤答が散見されました。

　第 5 文の前半、Quant à ses étonnantes capacités については、*Quand assez* とするまちがいが散見され、étonnantes を正しく女性複数形にした解答はきわめて少数にとどまりました。また、同じ文の後半では、主語の elles が ses capacités をうけていることが把握できずに *elle semble* とした解答がきわめて多く、正答率はかぎりなくゼロに近づきました。この結果は、quant à ～ という表現を聞き取れるかどうかで、文全体の理解が左右されることを示しています。

解答（読まれる文）　Jeudi dernier, une femme a été retrouvée dans une voiture recouverte par la neige dans les bois. Selon la police, le véhicule dans lequel elle a été bloquée sans nourriture est resté pendant deux semaines sous une température glaciale. Elle a survécu en absorbant de la neige. À l'arrivée des secours, elle était en très mauvais état, incapable de parler ou de marcher. Quant à ses étonnantes capacités à survivre, elles semblent plausibles. D'après des spécialistes, il est possible de résister par ces températures sans manger, à condition de boire. De la neige, par exemple.

| 練習問題 3 |

注意事項

　フランス語の文章を、次の要領で 3 回読みます。全文を書き取ってください。
- 1 回目は、ふつうの速さで全文を読みます。内容をよく理解するようにしてください。
- 2 回目は、ポーズをおきますから、その間に書き取ってください（句読点も読みます）。
- 最後にもう 1 回ふつうの速さで全文を読みます。
- 読み終わってから 3 分後に、聞き取り試験に移ります。
- 数を書く場合は、算用数字で書いてかまいません。

〈CD を聞く順番〉 ⓞ❺ ⇨ ⓞ❻ ⇨ ⓞ❺

(12)

|解　説|　オートバイに乗る女性たちによるデモの話です。
　スペルおよびアクサンのミスから見ていきましょう。まず、第 4 文の entièrement は、ほとんどの受験者が聞き取れているにもかかわらず、entierement、entiérement、intièrement などのミスが多く見られました。同様に、第 5 文では、défilé を déffilé、defilé と書いたミスや、boulevards を単数形で書いたミス、boulvards、bourvards など多種多様のスペルミスがめだちました。
　性数のとりちがえ、性数一致のミスもありました。上述の boulevards を単数で書いた例もそうですし、第 1 文の nombreuses は、nombleuse(s)、nombreause(s) などのスペルミスのほかに、単数形や男性形 nombreux で答えたものが数多く認められました。また、第 4 文の objets roses、最後の文の cinq autres villes にしても、複数の -s を忘れて単数で書き取った例が少なからず見うけられました。複数の -s および女性形の語尾（とくに -e）は、基本的に音だけで判断できない（または判断しにくい）ので注意が必要です。
　音だけを頼りに、文の構造を考えずに書き取ったと思われるミスもありました。たとえば、第 1 文の piloter は、おそらく先行する à を動詞 avoir の三人称単数 a と勘ちがいしたのでしょう、piloté や pilotées など過去分詞形で

答えた例がかなり見られました。第2文のmanifesterも同様で、過去分詞形（またはそれに似た形）にした誤答がありました。

　名詞については、-téで終わる語を動詞と早とちりしたと思われる解答が多く見られました。たとえば、第2文のl'égalitéは、pourのあとなので不定形動詞が入ると思い込んだのか、*régaliter*、*égaliter*、*légaliter*など、存在しない-er動詞を書いた解答が3割以上もありましたし、第3文のla volontéも*à volonter*、*a volonté*、*là volonté*などの誤答が多く見られました。

　逆に、動詞を名詞ととりちがえた例もありました。たとえば、最後の文のse rassemblerは、seをceと勘ちがいし、そのあとに*rassemblé*、*ressemblé(e)*など、名詞とおぼしき語をつづけた解答がひじょうに多かったです。ちなみに、「集会」は女性名詞assembléeで、「この集会」ですとcette assembléeになります。

解答（読まれる文）　Les femmes sont de plus en plus nombreuses à piloter des motos. Et dimanche à Lyon, elles étaient plus de 200 à manifester avec leurs motos pour l'égalité entre hommes et femmes. Elles avaient la volonté de donner une autre image des femmes. Elles étaient entièrement habillées de rose et portaient des objets roses. Elles ont défilé à une vitesse de 30 kilomètres à l'heure sur les boulevards. C'est une association qui les avait invitées à se rassembler à Lyon, ainsi que dans cinq autres villes de France.

練習問題 4

注意事項

　ネコの Félix に関するフランス語の文章を、次の要領で 3 回読みます。全文を書き取ってください。
・1 回目は、ふつうの速さで全文を読みます。内容をよく理解するようにしてください。
・2 回目は、ポーズをおきますから、その間に書き取ってください（句読点も読みます）。
・最後にもう 1 回ふつうの速さで全文を読みます。
・読み終わってから 3 分後に、聞き取り試験に移ります。
・数を書く場合は、算用数字で書いてかまいません。

〈CD を聞く順番〉 ◎❼ ⇒ ◎❽ ⇒ ◎❼

(11)

[解説] まずスペルやアクサンのミスから確認しましょう。たとえば、第 1 文の s'appelle はひじょうによく使われる表現で、ほとんどの受験者が聞き取れているにもかかわらず、*s'apelle*、*s'appele* などのミスが多く見うけられました。ほかにも第 2 文の vue を *vu* や *view*、おなじく第 2 文の plein を *plain* や *plan*、第 5 文の révélé を *relevé*、*révelé*、*révèlée*、おなじく第 5 文の public を *publique* とつづった例がかなり見うけられました。スペルは基本中の基本ですので、確実に覚えるように心がけてください。
　性数のとりちがえ、性数一致のミスとしては、たとえば第 6 文の composé を *composée* と女性形にした例が 3 割以上ありました。un petit morceau de musique composé par ... という部分ですが、composé が直前の musique にかかっていると勘ちがいしたのでしょう。また、同じ第 6 文の amie musicienne を *ami musicien* と男性形にした例が 2 割弱見られました。
　全文中でとくにめだったミスは、第 5 文の l'a révélé の部分、および第 7 文の en a の部分です。l'a révélé は、すでに見た révélé のスペルミスにくわえて、l'a を *la* ととりちがえた例が多く見られました。en a は *on a* と書いた例が多数見られました。双方とも、音を書き取るだけに集中しているとおかしやすいミスですが、révélé が過去分詞であることを理解すれば *la* ではな

く l'a であることに気づきますし、en a も、主語が La presse であること、それから文全体の意味を理解すれば、ミスを防げたでしょう。

解答（読まれる文）　J'ai un chat qui s'appelle Félix. À première vue, Félix est un chat ordinaire : il dort souvent en plein jour, il miaule quand il a faim. Mais en fait c'est un chat tout à fait spécial, car il joue du piano. À un an, il a commencé à jouer sur mon instrument, et il le fait depuis chaque jour. Une émission de télévision l'a révélé au grand public l'an dernier. Il y a interprété de façon merveilleuse un petit morceau de musique composé par mon amie musicienne. La presse en a parlé partout dans le monde.

聞き取り試験

　「準1級の内容と程度」(p.8) にも示されているように、準1級では、「聞き取り」の指針を、「一般的な事柄を十分に聞き取るだけでなく、多様な分野にかかわる内容の文章の大意を理解できる」と規定しています。そのため、聞き取り試験で出題される文章は、1人称による叙述（モノローグ）のほか、対話文、報道文など、内容・形式とも多岐にわたります。聞き取り試験の1と2では問題および文章の形式がことなりますが、ここ数年はインタビューをふくむ対話文1と、モノローグまたは報道文2の組み合わせで出題されることが多くなっています。

1
　文章と、その内容に関する質問を聞いて、質問に対する**答えの文の空欄に適切な語をおぎなう**記述式の問題です。

　試験の流れは問題の指示文に示されています（CD・録音テープでも同じ指示が繰り返されます）。最初に文章と、その内容に関する質問がつづけて読まれますので、メモをとりながら、文章と質問の要点を整理します。その際、問題冊子に印刷されている答えの文にあらかじめ目を通し、文章と質問の内容におおよその見当をつけておくとよいでしょう。質問は文章の流れに沿って並べられています。次にもう1度同じ文章と質問を聞き、答えの文のカッコにあてはまる語を解答欄に記入します。最後にもう1度文章が読まれますので、聞き取った内容を確認し、表記など解答の誤りを見直します。

　この問題では、たとえば対話文の場合、元の文章では1人称で語られている事柄が、質問とその答えの文では3人称で示されることになります。このような視点の変化にくわえ、カッコをともなう答えの文では元の文章の内容がしばしば別の語句や表現で言いかえられているため、聞き取った語を、そのままの形でカッコにおぎなうことができるとはかぎりません。

　以下、最近の出題例に則して、具体的な問題点を見ていくことにしましょう。

練習問題 1

- まず、Catherine と不動産会社の社員との会話を聞いてください。
- 続いて、それについての 5 つの質問を読みます。
- もう 1 回、会話を聞いてください。
- もう 1 回、5 つの質問を読みます。1 問ごとにポーズをおきますから、その間に、答えを解答用紙の解答欄にフランス語で書いてください。
- それぞれの（　　）内に 1 語入ります。
- 答えを書く時間は、1 問につき 10 秒です。
- 最後に、もう 1 回会話を聞いてください。
- 数を記入する場合は、算用数字で書いてください。
  （メモは自由にとってかまいません）

〈CD を聞く順番〉 ◉❾ ⇨ ◉❿ ⇨ ◉❾ ⇨ ◉⓫ ⇨ ◉❾

(1) Ils étaient très (　　) et ils (　　) au-dessus de sa tête tout le temps.

(2) Elle s'est (　　) auprès du (　　) de ses voisins.

(3) Non, parce que ses voisins du (　　) fument en (　　) sur leur balcon.

(4) Si, elle leur a demandé de fumer du côté (　　) du bâtiment, où il y a plus de (　　).

(5) Comme ses voisins ne l'ont pas (　　), elle compte (　　).

(読まれるテキスト)

L'employé : Vous cherchez un nouveau logement ? Vous n'êtes donc pas contente de votre appartement actuel ?

Catherine : Non, pas du tout. L'an dernier, j'ai eu des voisins du dessus qui étaient extrêmement bruyants. Ils me marchaient sur la tête de jour et de nuit et ils faisaient même du jogging sur place !

L'employé : Qu'est-ce que vous avez fait alors ?

Catherine : Je me suis plainte d'eux auprès de leur propriétaire. Il leur a téléphoné plusieurs fois et finalement ils sont partis.

L'employé : Félicitations ! Depuis, vous avez eu d'autres problèmes ?

Catherine : Maintenant, ce sont les voisins du dessous qui m'embêtent.

L'employé : Qu'est-ce qu'ils font ?

Catherine : Ils fument en bavardant sur leur balcon et leur fumée envahit tout mon appartement.

L'employé : Ce n'est pas drôle. Vous ne leur avez pas dit de fumer ailleurs ?

Catherine : Si ! Je leur ai demandé gentiment s'il ne leur serait pas possible de fumer du côté ouest du bâtiment. Car là, il y a plus de vent. Mais ils ne m'ont pas écoutée. C'est pour ça que je cherche un autre logement.

[I] 1次試験の傾向と対策　聞き取り試験 1

（読まれる質問）

un　　　: L'an dernier, comment étaient les voisins du dessus de Catherine ?
deux　 : Qu'est-ce que Catherine a fait pour résoudre le problème de l'an dernier ?
trois　 : Aujourd'hui, Catherine est-elle tout à fait contente ?
quatre : Catherine n'a-t-elle rien fait pour ne plus subir la fumée de ses voisins ?
cinq　 : Qu'est-ce que Catherine compte faire maintenant ?

(14)

解　説　Catherine と不動産会社の社員との会話です。どうやら彼女は、隣人との関係に問題があるせいで、新しい住居をさがしにきたようです。上の階の住人とのトラブルにつづき、下の階の住人の迷惑行為について、順に話しています。

(1)「昨年は、Catherine の上の階の住人はどうだったか」という質問です。解答は Catherine の1番目の返答に対応しますので、1つ目のカッコには bruyants、2つ目のカッコには marchaient が入ります。bruyants については、*bruiant(s)*、*bruillant(s)*、*brouillant(s)* などとするスペルミスが多く認められました。marchaient のほうは、時制を直説法現在形 *marchent* としたり、代名動詞にして *se marchaient* としたりする誤答が見られました。

(2)「昨年の問題を解決するために、Catherine はどうしたのか」という質問です。Catherine の2番目の返答と重なりますので、1つ目のカッコには plainte、2つ目のカッコには propriétaire が入ります。plainte については、代名動詞 se plaindre de「〜について苦情を言う」の複合過去形（とくに plaindre の過去分詞）になじみがなかったのか、*planté(e)*、*plainté(e)* と存在しない単語を記した誤答が多数確認されました。これ以外にも、性数一致を忘れて *plaint* とした答案、スペルミスをおかして *pleint(e)* とした答案などが見うけられ、ひじょうにできの悪い箇所でした。propriétaire については、アクサンのつけ忘れをはじめとするスペルミスが多く認められました。

123

(3)「今では、Catherine はすっかり満足しているか」という質問ですが、Catherine の3番目と4番目の返答で、今度は階下の住人の迷惑行為が説明されています。1つ目のカッコには dessous、2つ目のカッコには bavardant が入ります。bavardant のかわりに、discutant、parlant、causant を入れてもかまいません。dessous については、スペルミス desous にくわえ、正反対の dessus と混同したケースが散見されました。bavardant については、b と v を混同した誤答 ba*v*ardant が多数ありました。

　(4)「Catherine は隣人のタバコの煙の迷惑をこうむらないためになにもしなかったのか」という質問です。Catherine の最後の返答の前半部と重なります。1つ目のカッコには ouest、2つ目のカッコには vent が入ります。ouest については、残念ながら *west*（英語です！）と記した答案が散見されました。vent については、誤って *vents* と複数形にしたもの、あるいは単音節の単語を聞き取るむずかしさや v と b の混同を示す *devant*、*vente*、*bon*、*bain* などの誤答が見られました。

　(5)「これから Catherine はどうするつもりか」という質問です。解答は、Catherine の最後の返答の後半に対応します。「（喫煙は建物の南側でするようにたのんだにもかかわらず）彼ら（階下の住人）は私の言うことを聞いてくれなかったのです。だから別の住居をさがしているのです」と述べています。1つ目のカッコにはそのまま écoutée を入れます。écoutée のかわりに exaucée、suivie、satisfaite と書いた場合も正解になります。2つ目のカッコについては、正答をみちびくには少し工夫が必要です。ただし、設問文の elle compte (　　　) という一節は、Catherine の最後のことば、すなわち je cherche un autre logement「わたしは別の住居をさがしているのです」という一節の言いかえであると気づけば、カッコには déménager を入れるとよいとわかるでしょう。1つ目のカッコについては、性数一致をおこたった *écouté* という誤答が半数近くを占めました。ほかには、性数一致にくわえて e*c*outé とアクサンをつけ忘れたミス、*écouter* と不定形にしたまちがいも見られました。2つ目のカッコについては、déménager という単語を思いついたにもかかわらず、d*é*ménager、d*e*menager などアクサンのミスをおかした解答や、聞き取った chercher をそのまま書いた誤答がめだちました。ちなみに、déménager のかわりに partir としても可としました。

解　答 (1) (bruyants) (marchaient)　(2) (plainte) (propriétaire)

(3) (dessous) (bavardant)　　(4) (ouest) (vent)
(5) (écoutée) (déménager)

練習問題 2

・まず、Agnès へのインタビューを聞いてください。
・続いて、それについての 5 つの質問を読みます。
・もう 1 回、インタビューを聞いてください。
・もう 1 回、5 つの質問を読みます。1 問ごとにポーズをおきますから、その間に、答えを解答用紙の解答欄にフランス語で書いてください。
・それぞれの (　　) 内に 1 語入ります。
・答えを書く時間は、1 問につき 10 秒です。
・最後に、もう 1 回インタビューを聞いてください。
・数を記入する場合は、算用数字で書いてください。
（メモは自由にとってかまいません）

〈CD を聞く順番〉◉⓬ ⇒ ◉⓭ ⇒ ◉⓬ ⇒ ◉⓮ ⇒ ◉⓬

(1) C'est sa (　　) qui (　　) qu'on abandonne de vieux meubles.

(2) En (　　) ses premiers essais lors d'un salon (　　).

(3) Pour adapter les vieux meubles au (　　) d'une pièce (　　).

(4) À ce que les (　　) soient mieux (　　).

(5) Elle donne des (　　) à ses clients chaque (　　).

（読まれるテキスト）

Le journaliste : Votre atelier propose de rénover des meubles. Comment avez-vous eu cette idée ?

Agnès : C'est ma cousine qui me l'a donnée. Elle regrettait qu'on abandonne de vieux meubles dans les greniers.

Le journaliste : Ce n'est pas difficile de trouver des clients ?

Agnès : Non, pas trop. J'ai commencé par acheter des meubles d'occasion. Je les ai rénovés et exposés lors d'un salon artistique. C'est là où j'ai rencontré mes premiers clients.

Le journaliste : Que faites-vous pour satisfaire vos clients ?

Agnès : Je vais souvent chez eux parce que dans mon métier, il ne suffit pas de peindre les vieux meubles. Il faut les adapter au décor d'une pièce moderne.

Le journaliste : À quoi faites-vous le plus attention ?

Agnès : Je cherche à mieux coordonner les couleurs. Plusieurs clients m'ont demandé comment faire. C'est ainsi que depuis peu, je leur donne des cours hebdomadaires.

（読まれる質問）

un : Qui a donné à Agnès l'idée de rénover des meubles ?

deux : Comment Agnès a-t-elle rencontré ses premiers

```
              clients ?
trois   : Pourquoi Agnès va-t-elle chez ses clients ?
quatre  : À quoi Agnès fait-elle le plus attention ?
cinq    : Quelle est la nouveauté dans l'activité d'Agnès ?
```

解説　家具のリフォームをしている Agnès へのインタビューです。彼女は、この仕事を始めた経緯、クライアントのさがし方、クライアントを満足させるための工夫について、順に話しています。

(1)「だれが Agnès に家具をリフォームするというアイデアをあたえたのか」という質問です。設問文は Agnès の1番目の返答に対応しますので、1つ目のカッコには cousine、2つ目のカッコには regrettait が入ります。cousine を *cousin*、*cousinne* などと書いたスペルミスのほか、*cuisine* と書いた答案も散見されました。regrettait のほうは、*regrette* などの時制のミス、*regrétait* などのスペルミス、それから、質問の Qui a donné ... に対応させるように *donne* と答えた例も見られました。半過去形ではなく現在形で書いた誤答は、設問文の qu'(=que) 以下の動詞が abandonne となっているのにつられたのかもしれませんが、この abandonne は接続法現在形です。なお、regrettait のかわりに同義語の déplorait、désapprouvait も可能です。

(2)「Agnès はどのようにして最初のクライアントに出会ったのか」という質問です。Agnès は、2番目の返答で、彼女がリフォームした中古家具を芸術展に出品したこと、そこで最初のクライアントと出会ったことが述べられています。設問文の ses premiers essais は「最初の試作品」を指します。したがって、1つ目のカッコには exposant、2つ目のカッコには artistique が入ります。前者は、exposés という過去分詞を聞き取って現在分詞に書きかえる必要があります。exposant のかわりに montrant、présentant も正解です。

(3)「なぜ Agnès はクライアントの自宅に出向くのか」という質問です。Agnès が3番目の返答で、記者に対して補足説明している部分に対応します。したがって、1つ目のカッコには décor、2つ目のカッコには moderne が入ります。前者はスペルミス (*décors*、*décore*、*décole*、*décord*、*decor* など) が多く見られました。なお、moderne のかわりに actuelle、contemporaine

も可能です。

　(4)「Agnès はどんなことにもっとも注意しているか」という質問です。これは、記者の最後の質問と完全に重なります。ただし、「私は色彩をよりよくコーディネートするようにしています」という Agnès の返答を、設問文に合わせて書きかえる必要があります。したがって、1 つ目のカッコには couleurs、2 つ目のカッコには coordonnées が入ります。後者は、重なる文字が複数あってスペルがおぼつかない動詞であることにくわえ、Agnès の返答のなかの不定形 coordonner を受動態（過去分詞の女性複数形）に変換することが必要となるため、スペルミスが多発しました。coordonnées のかわりに assorties、combinées、harmonisées、mariées も可能です。また、Agnès の 3 番目の返答に登場する動詞を流用して *adaptées* を書いた解答も見られましたが、これでは意味がずれるので不正解です。

　(5)「Agnès の仕事で新しいところは何か」という質問です。Agnès の最後の返答の後半に対応します。「少し前からクライアントに毎週講義をしている」と述べていますので、1 つ目のカッコには cours、2 つ目のカッコには semaine が入ります。前者については、*courses*、*cœurs* などの聞き取りミスにくわえ、なんとなくカッコに入りそうなほかの単語（*idées*、*conseils*、*meubles* など）を入れた誤答がめだちました。なお、cours のかわりに leçons と書いても正解です。後者については、聞き取った「毎週の」という形容詞 hebdomadaires をそのまま書こうとした誤答がめだちました。設問文に応じて表現を書きかえる力が必要となります。*mois*、*jour* という誤答も散見されましたが、形容詞「毎月の」は mensuel、「毎日の」は quotidien です。

|解　答| (1) (cousine) (regrettait)　(2) (exposant) (artistique)
(3) (décor) (moderne)　(4) (couleurs) (coordonnées)
(5) (cours) (semaine)

練習問題 3

- まず、Delphine へのインタビューを聞いてください。
- 続いて、それについての5つの質問を読みます。
- もう1回、インタビューを聞いてください。
- もう1回、5つの質問を読みます。1問ごとにポーズをおきますから、その間に、答えを解答用紙の解答欄にフランス語で書いてください。
- それぞれの（　）内に1語入ります。
- 答えを書く時間は、1問につき10秒です。
- 最後に、もう1回インタビューを聞いてください。
- 数を記入する場合は、算用数字で書いてください。
  （メモは自由にとってかまいません）

〈CDを聞く順番〉 ◎ ❺ ⇨ ◎ ❻ ⇨ ◎ ❺ ⇨ ◎ ❼ ⇨ ◎ ❺

(1) Elle est (　　) à (　　).

(2) Parce qu'elle doit (　　) ses (　　).

(3) Non, les habitants de son (　　) comprennent (　　) sa façon de travailler.

(4) Elle (　　) des (　　) un peu partout.

(5) Elle a envoyé des mails pour une (　　) sur les monuments (　　).

（読まれるテキスト）

Le journaliste : Vous êtes une secrétaire un peu particulière : secrétaire à domicile.

Qu'est-ce que c'est ?

Delphine : Le travail est à peu près le même que celui qu'un secrétaire ferait dans les bureaux d'une entreprise. Seulement, je le fais depuis chez moi. Si j'ai choisi ce métier, c'est parce que je dois soigner mes vieilles tantes.

Le journaliste : Trouvez-vous beaucoup de travail ?

Delphine : Pour l'instant pas trop. Parce que j'habite un village, et que les gens ne comprennent pas très bien qu'on puisse travailler en dehors de leurs bureaux.

Le journaliste : Alors, que faites-vous pour trouver des clients ?

Delphine : Je colle des affiches à droite et à gauche. C'est grâce à ça qu'il y a quelques semaines j'ai travaillé avec une association de Nice.

Le journaliste : Et qu'est-ce que vous avez fait pour cette association ?

Delphine : Elle m'a demandé d'envoyer des messages électroniques pour une conférence sur les monuments disparus. J'ai fait tout par téléphone et Internet sans rencontrer une seule personne de l'association. C'est possible !

[I] 1次試験の傾向と対策　聞き取り試験 1

（読まれる質問）

> un　　: Quel est le métier de Delphine ?
> deux　: Pourquoi Delphine a-t-elle choisi cette façon de travailler ?
> trois 　: Delphine trouve-t-elle beaucoup de travail ?
> quatre : Que fait Delphine pour attirer des clients ?
> cinq 　: Qu'est-ce que Delphine a fait pour une association de Nice ?

(12)

解　説　自宅で秘書業をおこなう Delphine へのインタビューです。彼女は、自分の仕事の形態、クライアントのさがし方、過去におこなった仕事内容について、順に話しています。

(1)「Delphine の仕事は何か」という質問です。解答は、journaliste の最初の質問に出てくる secrétaire à domicile に対応しますので、1つ目のカッコには secrétaire、2つ目のカッコには domicile が入ります。実際の試験では、secrétaire のアクサンミス（*secretaire*、*sécretaire*、*sécrétaire*）がひじょうに多く見られました。

(2)「なぜ Delphine はこのような形で仕事をすることを選んだのか」という質問です。Delphine は、1番目の返答の最後で、「私がこの仕事を選んだのは、年老いた叔母たちの世話をしなければいけないからです」と言っています。したがって、1つ目のカッコには soigner、2つ目のカッコには tantes が入ります。前者は、*soinier*、*soignier*、*soiner* などのスペルミス、後者は、*tante*、*tants* などのスペルミスのほかに、*parents* と答えた例、それから、1カッコ1語であるにもかかわらず *vieilles tantes* とむりやり書き込んだ例が少なからず見られました。

(3)「Delphine は仕事をたくさんみつけているか」は、journaliste の2番目の質問と同じ内容です。ただし、設問で実際に問われているのは、仕事が少ない理由です。Delphine は返答のなかで「私は村に住んでいて、人々は仕事場以外で仕事ができることをあまりよく理解していない」と理由を述べて

131

います。そして、設問文では、この理由が1文に要約されています。したがって、「彼女の村の住人たちは、彼女の仕事の仕方をよく理解していない」という文を作ることが必要になります。1つ目のカッコに village が入ります。2つ目のカッコでは、comprennent のあとに1語をくわえて「あまりよく理解していない」という意味にしなければなりません。実際の試験では、pas を入れた解答がめだちましたが、(口語ではよく省略される) ne をともなっていませんし、「あまりよく」というニュアンスが無視されていますので不適当です。正解は mal です。また、difficilement、malaisément、peu を入れても正解になります。

(4)「Delphine はクライアントに興味をもってもらうために何をしているか」が質問です。3番目の返答で、Delphine は「あちこちにポスターを貼っている」と言っています。したがって、「ポスターを貼っている」が答えとなり、1つ目のカッコは colle、2つ目のカッコは affiches が正解です。読まれるテキストには出てきませんが、colle のかわりに affiche、met、placarde も可能ですが、passe「載せる」は意味がことなるので不可になります。また、affiches のかわりに placards も可能ですが、annonces は、これも意味がことなるので不可になります。

(5)「Delphine はニースの団体のために何をしたか」という質問で、Delphine の最後の返答に対応します。「なくなった歴史建造物に関する会議のためにEメールを送るように頼まれた」と述べていますので、1つ目のカッコには conférence、2つ目のカッコには disparus が入ります。前者は *conference*、*conférance* などのスペルおよびアクサンミス、後者は *disparu* や *disparues* といった性数一致のミスがめだちました。また、conférence ではなく *association* を書いた解答もありましたが、団体そのものがなくなった歴史建造物に関する団体なのかどうかは述べられていないので不可です。

解 答 (1) (secrétaire) (domicile)　(2) (soigner) (tantes)
(3) (village) (mal)　(4) (colle) (affiches)
(5) (conférence) (disparus)

練習問題 4

- まず、農場経営者 Xavier へのインタビューを聞いてください。
- 続いて、それについての6つの質問を読みます。
- もう1回、インタビューを聞いてください。
- もう1回、6つの質問を読みます。1問ごとにポーズをおきますから、その間に、答えを解答用紙の解答欄にフランス語で書いてください。
- それぞれの（　　）内に1語入ります。
- 答えを書く時間は、1問につき10秒です。
- 最後に、もう1回インタビューを聞いてください。
- 数を記入する場合は、算用数字で書いてください。
（メモは自由にとってかまいません）

〈CD を聞く順番〉◉⓲ ⇒ ◉⓳ ⇒ ◉⓲ ⇒ ◉⓴ ⇒ ◉⓲

(1) Pour (　　　) et récolter les (　　　).

(2) Essentiellement des jeunes de la (　　　), mais il suffit d'avoir plus de (　　　) ans.

(3) Non, elle prend aussi des adultes au (　　　).

(4) Non, elle n'en a recruté qu'à peu près la (　　　) pour le moment.

(5) Ce n'est pas (　　　), tout se fait à la (　　　).

(6) Tout le monde touche le salaire minimum (　　　) par la (　　　).

（読まれるテキスト）

La journaliste : Votre ferme, qui produit des oignons, a besoin de travailleurs temporaires. Quels sont vos besoins ?

Xavier : Pendant l'année, les sept employés de la ferme suffisent. Mais nous avons besoin de personnel en mars et en avril pour planter les oignons, puis en juillet et en août, pour la récolte.

La journaliste : Qui recrutez-vous ?

Xavier : Ce sont essentiellement des jeunes de la région. Mais il suffit d'avoir plus de 16 ans. Pas besoin de diplôme. Souvent, c'est leur premier emploi. Nous employons aussi des adultes au chômage même si, malheureusement, nous ne pouvons pas les faire travailler toute l'année.

La journaliste : Pour ce printemps, vous avez besoin de combien de personnes ?

Xavier : De 200 environ. Nous n'en avons recruté que 102 pour le moment.

La journaliste : Le travail est compliqué ?

Xavier : Non, pas du tout. On vous apprend le métier. Tout se fait à la main, c'est ce qu'il y a de particulier dans nos produits.

La journaliste : Comment le travail est-il rémunéré ?

Xavier : Tout le monde touche le salaire minimum déterminé par la loi, sachant qu'on

[Ⅰ] 1次試験の傾向と対策　聞き取り試験 [1]

　　　　　　travaille cinq heures par jour.

（読まれる質問）

un	: Dans quel but la ferme de Xavier a-t-elle besoin de travailleurs temporaires ?
deux	: Qui est-ce que la ferme recrute ?
trois	: La ferme prend seulement des jeunes ?
quatre	: La ferme a-t-elle déjà recruté toutes les personnes nécessaires ?
cinq	: Le travail est comment ?
six	: Comment le travail est-il rémunéré ?

(11)

解説　農場を経営している Xavier へのインタビューです。彼は、自分の農場の作業員、とくに臨時作業員について話しています。

(1)「どのような目的で、Xavier の農場は臨時作業員を必要とするか」という質問です。解答は Xavier の最初の応答の後半部分と対応しています。「3月、4月に玉ねぎを植え、7月、8月に収穫するため」です。1つ目のカッコには動詞 planter が入り、2つ目のカッコには oignons が入ります。後者は onions、ognions、onignons などのスペルミスがひじょうに多く見られました。

(2)「農場はどのような人を募集しているか」という質問です。Xavier の2番目の応答の前半部分、「おもに地元の若者たちです。でも、16歳以上であればだれでも OK です」に対応します。1つ目のカッコには région、2つ目のカッコには 16 が入ります。région のアクサンを忘れた解答が1割以上ありました。

(3)「農場は若者しか雇わないのか」という質問です。これに対する解答は、Xavier の2番目の応答の後半部分に対応します。「残念ながら年間ずっと働いてもらうことはできないけれど、失業中のおとなも雇います」と述べてい

135

ます。正解は chômage です。ここでも誤答の大部分が、*chomage*、*chomâge*、*chaumage* などのスペルミスでした。

(4)「Xavier の農場はすでに必要な作業員をみつけたのか」という質問です。Xavier は 3 番目の応答で、「今のところはまだ 102 名しかみつけていない」と述べていますが、設問文のカッコに数字 102 をそのまま入れたのでは文が成り立ちません。前もって Xavier が「(必要な作業員数が) 約 200 名」と述べていることから、カッコには「半数」(moitié) を入れなければなりません。*moitier*、*moitiée* などのスペルミスがめだちました。

(5)「(農場の) 仕事はどのようなものか」という質問です。Xavier は 4 番目の応答で、まず、「仕事は複雑か」という質問に「いいえ、ぜんぜん」と答えたあと、「すべてが手作りで、これが私たちの生産物の特徴です」と述べています。1 つ目のカッコには compliqué が入ります。読まれるテキストには出てきませんが、difficile も可能です。正解を Xavier のことばのみからさがし出そうとしたためか、*métier* と書いた解答が散見されましたが、これでは意味が通りません。2 つ目のカッコには、Xavier のことばどおり、main が入ります。

(6)「仕事の報酬はどのように支払われるか」という質問です。Xavier の最後の応答、「全員が、法律できめられた最低賃金を受け取る」がそのまま解答になります。1 つ目のカッコは déterminé、2 つ目のカッコは loi が正解です。déterminé は、*determiné*、*détérminé* などのアクサンのミスが多数見うけられました。読まれるテキストには出てきませんが、fixé、prévu も可能です。

解答 (1) (planter) (oignons)　(2) (région) (16)
(3) (chômage)　(4) (moitié)
(5) (compliqué) (main)　(6) (déterminé) (loi)

2 一定の長さの文章と、それについて述べた文を聞いて、**内容の一致**を判断する問題です。

　この問題ではまず20行程度のテキストが2回読まれます。1回目の聞き取りではメモをとりながら要点を整理し、2回目にこまかい部分を確認します。次に、テキストの内容に関する文(1)〜(10)が2回通して読まれますので、それぞれの文について内容が一致しているかどうか判断します。最後にもう1度テキストが読まれますから、聞き取った内容を確認し、解答に誤りがないかどうかを見直します。

　この問題でも筆記6と同様、(1)〜(10)の設問文ではテキストの内容がさまざまな表現で言いかえられています。聞き取りの場合、テキストと設問文を目で見て照らし合わせながら判断することはできませんが、設問文自体は平易なものがほとんどですから、早合点して文意をとりちがえないようにしましょう。(1)〜(10)の設問文は1回目は10秒、2回目は7秒の間隔をあけて読まれます。ここでは、談話文（**練習問題1、2、3**）と説明文（**練習問題4**）の2つのタイプの文章について、実際の問題を検討します。

練習問題1

・まず、Thomasの話を2回聞いてください。
・次に、その内容について述べた文(1)〜(10)を2回通して読みます。それぞれの文が話の内容に一致する場合は解答欄の①に、一致しない場合は②にマークしてください。
・最後に、もう1回Thomasの話を聞いてください。
（メモは自由にとってかまいません）

〈CDを聞く順番〉 ◎ ㉑ ⇨ ◎ ㉑ ⇨ ◎ ㉒ ⇨ ◎ ㉒ ⇨ ◎ ㉑

（読まれるテキスト）

Longtemps, j'ai travaillé dans une société informatique à Paris. Mais je me demandais souvent comment l'argent que je gagnais pouvait être utile. J'ai beaucoup voyagé en Asie. Les voyages m'ont ouvert les yeux : pourquoi avais-je autant et les autres si peu ? Quelle injustice ! En avril 2003, quand j'ai visité une école au Népal, il n'y avait aucun livre dans la bibliothèque. Je n'en revenais pas. Alors j'y suis retourné l'année suivante avec un camion chargé de 3 000 livres ! J'avais envoyé un mail à mes amis pour leur demander des ouvrages pour enfants dont ils ne se servaient plus. Finalement, j'ai changé de métier et créé une organisation, « La salle à lire ».

Bien sûr, ma première action n'était qu'une toute petite chose. Mais je me suis dit qu'il fallait commencer petit et grossir ensuite. Je me suis d'abord concentré sur le Népal. Aujourd'hui, « La salle à lire » est présente dans neuf pays, bientôt dix avec l'Éthiopie. D'autres pays nous attendent, comme le Sénégal, le Brésil, etc. Nous employons 550 personnes en plus des 10 000 bénévoles qui nous aident. En 10 ans, nous avons distribué 9 millions de livres, ouvert 11 000 bibliothèques et 1 500 écoles. Je suis persuadé qu'aucun rêve n'est irréalisable.

（読まれる内容について述べた文）

un : Quand Thomas travaillait dans une société informatique, il pensait rarement à la manière de dépenser son argent.

deux : Ce sont ses voyages qui ont fait découvrir à Thomas qu'il était vraiment privilégié.

trois : Thomas a été très étonné de ne pas trouver un seul livre dans la bibliothèque d'une école au Népal.

quatre : Thomas a envoyé par la poste 3 000 livres à la bibliothèque d'une école au Népal.

cinq : Les amis de Thomas lui ont donné des livres dont ils n'avaient plus besoin.

six : Thomas n'a toujours pas quitté son travail dans l'informatique.

sept : Thomas a pensé qu'il devait commencer petit et devenir grand après.

huit : « La salle à lire » sera bientôt présente dans dix pays.

neuf : L'organisation qu'a créée Thomas a moins de 500 employés.

dix : Thomas a élargi le champ de ses activités.

(14)

解説 Thomas が発展途上国に本を送る団体 La salle à lire を設立した経緯を語っています。まず、パリの IT 企業に勤めていたころのことが述べられ、団体設立のきっかけとなったネパール旅行の経験が説明されてから、現在の団体の活動と今後の計画が紹介されます。

(1) 設問文には、「IT 企業に働いていたころ、Thomas は自分のお金の使いみちについてめったに考えなかった」とあります。しかし、第1段落の第2文では、「私はよく、どうやったら自分の稼いでいるお金を役立てられるだろうと考えていた」と述べられていますので、設問文は本文の内容に一致しません。souvent と rarement の対比に気づけば、正答は容易なはずです。

(2) 第1段落の第4文で、Thomas は「旅行が私の目を開いてくれた。どうして私はこんなに (お金やものを) 持っているのに、ほかの人はこんなにわずかしか持っていないのか (と思った)」と述べています。したがって、設問文「自分が本当に恵まれていることに Thomas が気づいたのは、旅行の

おかげだった」は、本文の内容と一致します。

(3) 設問文には、「Thomas は、ネパールのある学校の図書室に 1 冊も本がないのを見て、とても驚いた」とありますが、これは、第 1 段落の第 6 文で、Thomas は「2003 年 4 月にネパールのある学校を訪問したところ、図書室に 1 冊も本がなかった。本当に驚いた」と対応しています。したがって、設問文は本文に一致しています。日本語に訳してみると 2 つの文の差異がわかりにくくなりますが、ne pas en revenir「ひじょうに驚く」が être très étonné と同義であることが理解できているかためすのが本設問の趣旨です。

(4) 設問文では、「Thomas はネパールの学校の図書室に、3000 冊の本を郵送した」と述べられています。ところが、第 1 段落の第 8 文で、Thomas は、「私は翌年、3000 冊の本を積んだトラックとともに、そこ（ネパールの学校）にもどった」とあります。つまり、Thomas は本を郵送したのではなく、わざわざネパールまで持参したのです。したがって、設問文は本文の内容と一致しません。

(5) 第 1 段落の第 9 文には、「私（Thomas）は友人たちにメールを送って、もう使わなくなった子ども向けの本をくれるようにたのんでいた」とあります。したがって、「Thomas は友人たちから、不要になった本をもらった」とする設問文は、本文の内容に一致します。ただし、受験者は設問文の des livres dont ils n'avaient plus besoin という一節と、本文の des ouvrages pour enfants dont ils ne se servaient plus が同義であることを理解できなかったのか、できはあまりよくありませんでした。

(6) 「Thomas は今もなお IT 企業をやめていない」という文です。しかし、第 1 段落の第 10 文で、Thomas は「結局、私は転職して、La salle à lire という団体を設立した」と述べています。したがって、設問文は本文の内容と一致しません。

(7) 「Thomas は、まず小規模に始めて、だんだん規模を大きくしなければならないと考えた」という設問文は、第 2 段落の第 2 文とまったく同じことを述べています。

(8) 第 2 段落の第 4 文で、Thomas は、「La salle à lire は 9 ヵ国で活動しているが、まもなくエチオピアを入れて 10 ヵ国になる」と述べています。したがって、「La salle à lire の活動の舞台は、まもなく 10 ヵ国になる」とする設問文は、本文の内容と一致します。文の前半に現れる neuf pays「9 ヵ国」という数字にとらわれ、後半の bientôt dix avec l'Éthiopie という重

要な情報をとらえそこねたのか、正答率は全設問中で最低でした。

(9) 設問文には、「Thomas の設立した団体の従業員数は、500 人にみたない」とあります。しかし、第 2 段落第 6 文には、「われわれには、手伝ってくれる 1 万人のボランティアにくわえ、550 人の従業員がいる」とあります。したがって、設問文は本文の内容と一致しません。

(10) 第 2 段落の第 7 文では、「10 年で、われわれは 900 万冊の本を配布し、1 万 1000 の図書室と 1500 の学校を開いた」と述べられています。また、この活動はもともとネパールの 1 校に 3000 冊の本を寄贈したところから始まったことを考えると、「Thomas は活動の領域をひろげた」という設問文は、本文の内容と一致します。

解 答　(1) ②　(2) ①　(3) ①　(4) ②　(5) ①
　　　　　(6) ②　(7) ①　(8) ①　(9) ②　(10) ①

練習問題 2

・まず、Raphaël の話を 2 回聞いてください。
・次に、その内容について述べた文 (1)〜(10) を 2 回通して読みます。それぞれの文が話の内容に一致する場合は解答欄の①に、一致しない場合は②にマークしてください。
・最後に、もう 1 回 Raphaël の話を聞いてください。
（メモは自由にとってかまいません）

〈CD を聞く順番〉 ◉❷❸ ⇨ ◉❷❸ ⇨ ◉❷❹ ⇨ ◉❷❹ ⇨ ◉❷❸

（読まれるテキスト）

J'ai quitté Marseille avec mes parents à l'âge de 15 ans. C'est ma ville natale, mais je ne l'aime pas du tout. Nous nous sommes installés dans un petit village près d'Avignon. Comme j'avais beaucoup de temps libre, je me suis inscrit à un club de photo. Là, j'ai commencé à photographier avec un vieil appareil de mon oncle. Pourquoi la photo ? Parce qu'il n'y avait que deux choix dans ce village : ou le sport ou la photographie. Et je n'étais pas du tout sportif à l'époque.

Dans ce club, j'ai rencontré un très bon professeur qui s'appelait Henri. Il avait déjà 66 ans. Il m'expliquait avec patience non seulement les techniques de base mais aussi toute une philosophie de la photographie. Selon Henri, ce qui comptait le plus, c'était de beaucoup parler avec les gens avant de les photographier. Cela permet en effet de faire une vraie communication avec eux à travers l'appareil photo. J'essaie d'être toujours fidèle à ce qu'il m'a appris.

Chaque année, Henri partait en vacances avec sa femme pour faire un tour de France à moto. Il emportait un petit appareil avec lui pour prendre des photos de voyage. Après la mort d'Henri, sa femme m'a donné cet appareil. C'est le plus beau souvenir de ma jeunesse, et le point de départ de ma vie professionnelle.

（読まれる内容について述べた文）

un　　　: Raphaël a quitté Marseille quand il avait 15 ans.
deux　 : Raphaël s'est installé dans un petit village avec ses parents.
trois　 : Raphaël a acheté son propre appareil pour commencer la photographie.
quatre : Raphaël a choisi de faire de la photographie plutôt que de faire du sport.

cinq : Henri, professeur de photographie, avait 76 ans lorsque Raphaël l'a rencontré.
six : Henri n'a pas enseigné à Raphaël la technique de la photographie.
sept : Selon Henri, c'est important de faire la conversation avec les gens avant de les photographier.
huit : Même aujourd'hui, Raphaël essaie d'être fidèle à ce que son professeur lui a appris.
neuf : Henri ne touchait jamais à son appareil photo pendant les voyages avec sa femme.
dix : Après le décès de sa femme, Henri a donné à Raphaël son appareil photo comme souvenir.

(13)

解　説　Raphaël がプロの写真家になるまでの経緯を語っています。まず、子ども時代の暮らしをふりかえりながら、写真に関心をもったきっかけを説明し、次に、写真クラブで出会った Henri という先生との思い出が紹介されます。

(1) 第1段落の第1文で、「私は15歳で両親とマルセイユを離れた」と述べられていますので、設問文「Raphaël は、15歳のときにマルセイユを離れた」と一致します。

(2) 第1段落の第3文で、Raphaël は「私たちはアヴィニョン近郊の小さな村に住まいを定めた」と言っていますから、設問文「Raphaël は、両親といっしょに小さな村に住まいを定めた」と一致します。

(3) 設問文では「Raphaël は写真を始めるために自分用のカメラを購入した」と述べられています。しかし、第1段落の第5文では「おじの古いカメラを使って写真をとりはじめた」と述べられていますから、設問文とは一致しません。

(4) 設問文には「Raphaël はスポーツをするかわりに写真をとることを選んだ」とあります。ところで、第1段落の第6～8文で、Raphaël は、写真

を始めた理由として、「その村には2つしか選択肢はなかった」と述べています。それは「スポーツか写真か」の二者択一であり、「当時まったくスポーツマンではなかった」Raphaël は、写真を選んだのでした。したがって、設問文と本文の内容は一致します。

(5) 第2段落の第1、2文で、2人が出会ったときのことが語られ、「Henri はすでに66歳だった」と述べられています。ところが、設問文では「76歳だった」と述べられています。したがって、設問文と本文の内容は一致しません。

(6) 設問文には「Henri は、Raphaël に写真の技術を教えなかった」とあります。第2段落の第3文で、「Henri は私に、基礎的な技術だけでなく、まさに写真の哲学を辛抱強く説明してくれた」と述べられていますので、設問文は本文の内容と一致しません。

(7) 「Henri によると、人々の写真をとるまえに、彼らと会話をすることが大切である」という文です。第2段落の第4文で、Raphaël は、設問文とおなじく Selon Henri と始めて、「Henri によると、いちばん大切なことは、人々の写真をとるまえに、彼らとたくさん話をすることだった」と、彼の写真哲学を説明しています。したがって、設問文と本文の内容は一致します。

(8) 第2段落の第6文で、Raphaël は、「私は彼が教えてくれたことをあいかわらず忠実にまもろうと努力している」と述べていますので、設問文「今なお、Raphaël は、先生から教わったことを忠実にまもろうと努力している」と本文の内容は一致します。

(9) 設問文には「Henri は、妻と旅行する間はけっしてカメラをいじらなかった」とあります。第3段落の第1、2文では、「毎年 Henri は妻とバカンスに行き、バイクでフランス一周の旅をしたものだ。彼は旅行の写真をとるために小型カメラを持参した」と述べられていますので、設問文は本文の内容と一致しません。

(10) 「妻が亡くなったあと、Henri は Raphaël に形見として彼女のカメラをゆずった」という文です。それに対して、第3段落の第3文では、「Henri が亡くなったあと、彼の妻は私にそのカメラをくれました」と述べられています。Henri と妻の立場が逆になっているので、設問文は本文の内容と一致しません。状況は同じなのに名前だけが入れ替わっているため、混乱が生じたのか、実際の試験では全設問中もっとも低い得点率でした。

[I] 1次試験の傾向と対策　聞き取り試験 ②

解答　(1) ①　(2) ①　(3) ②　(4) ①　(5) ②
　　　(6) ②　(7) ①　(8) ①　(9) ②　(10) ②

練習問題 3

・まず、Christelle の話を 2 回聞いてください。
・次に、その内容について述べた文(1)～(10)を 2 回通して読みます。それぞれの文が話の内容に一致する場合は解答欄の①に、一致しない場合は②にマークしてください。
・最後に、もう 1 回 Christelle の話を聞いてください。
（メモは自由にとってかまいません）

〈CD を聞く順番〉 ◎ ㉕ ⇨ ◎ ㉕ ⇨ ◎ ㉖ ⇨ ◎ ㉖ ⇨ ◎ ㉕

（読まれるテキスト）

　Je vis avec mon petit ami qui s'appelle Matthias. Il est très gentil et très intelligent. Maintenant qu'il a cessé de boire de la bière, il a vraiment tout ce qui me plaît. Chaque fois qu'il en buvait, il faisait n'importe quoi et perdait la mémoire. Moi qui ne bois que de l'eau ou du thé, je lui conseillais de ne pas trop boire d'alcool. Il me répondait qu'il voulait bien arrêter mais qu'il ne pouvait pas résister quand il passait devant son bar préféré.

　Il y a un mois, j'ai eu vraiment peur qu'il lui soit arrivé quelque chose de grave. Car, vers onze heures et demie, le téléphone a sonné. C'était la patronne du bar. Elle m'a dit que Matthias avait trop bu pendant la soirée et qu'il fallait absolument que je vienne le chercher. J'ai pris un taxi. J'étais très inquiète pour Matthias mais aussi parce que je n'avais jamais mis les pieds dans un bar. Or, en arrivant, j'ai trouvé Matthias dans un état tout à fait inattendu : il n'était pas ivre du tout ! Il m'a déclaré en me désignant la pendule : « Il est minuit. Ça fait juste un an qu'on vit ensemble. Alors, j'ai décidé d'arrêter de boire. » Quelle bonne surprise ! C'est donc en buvant du thé que nous avons fêté notre anniversaire que j'avais complètement oublié.

（読まれる内容について述べた文）

un   : Christelle vit avec quelqu'un qu'elle trouve très gentil.
deux : Christelle n'appréciait pas que Matthias boive de la bière.
trois : Matthias n'a jamais perdu la mémoire à cause de l'alcool.
quatre : Christelle ne boit que de l'eau.
cinq : Il y a un mois, Christelle a reçu un coup de fil vers onze heures et demie.
six   : Christelle a pris le bus pour aller chercher son petit ami.
sept : Christelle était déjà allée dans le bar préféré de Matthias.
huit : Christelle est arrivée au bar vers minuit.
neuf : Matthias n'était pas ivre quand Christelle l'a vu dans le bar.
dix   : Christelle a rappelé à Matthias leur anniversaire

> qu'il avait oublié.

(12)

解説 Matthiasというボーイフレンドがいる女性Christelleに起こった出来事の話です。テキストでは、まず、Matthiasがとても酒好きだったことが述べられ、次に、MatthiasとChristelleの間に1ヵ月前に起こった出来事が紹介されます。

(1) 第1段落の第1文で、ChristelleがMatthiasといっしょに住んでいること、それから、第2文で彼が「とてもやさしくて頭がいい」ことが述べられています。「Christelleはとてもやさしいと思う人と暮らしている」という設問文は、本文の内容と一致します。

(2) 第1段落の第3文で、Christelleは「彼がビールを飲むのをやめた今、本当に彼のすべてが好きだ」と言っています。したがって、「ChristelleはMatthiasがビールを飲むことをこころよく思っていなかった」という設問文は、本文の内容と一致します。

(3) 第1段落の第4文で、Matthiasは酒を飲むたびに「どんなこともやり放題になって、記憶を失っていた」と述べられています。設問文には「酒が原因で記憶を失ったことがない」とありますから、本文の内容と不一致です。

(4) 第1段落の第5文の前半で、「水かお茶しか飲まない私」と述べられていますので、「Christelleは水しか飲まない」という設問文は、本文の内容とは不一致です。

(5) 第2段落の第1文で、出来事が起こったのが「1ヵ月前」であること、第2文で「11時半ごろ、電話が鳴った」ことがわかりますから、設問文と一致します。

(6) 第2段落の第5文で、Christelleは「タクシーに乗った」と言っています。設問文で言われるように「ボーイフレンドを迎えにいくためにバスに乗った」のではありません。したがって、設問文と本文の内容は不一致です。

(7) 第2段落の第5文の後半で、「それまでバーに足をふみいれたことがなかった」と述べられています。設問文には、「Matthiasの行きつけのバーに行ったことがあった」とありますので、本文の内容と不一致です。

(8) 第2段落の第7文で、Christelleがバーに着いたとき、Matthiasがまっ

たく酔っているようすではなかったこと、第 8 文では、Matthias が時計を指して「『0 時だよ』」と Christelle に言ったことが述べられています。したがって、設問文「Christelle は 0 時ごろバーに着いた」と本文の内容は一致します。

(9) これも第 2 段落の第 7 文に対応しており、「Christelle がバーで Matthias を見たとき、彼は酔っていなかった」という文は、本文の内容と一致します。

(10) 第 2 段落の第 8 文、直接引用された Matthias のことばのなかで、「『2 人が暮らし始めてからちょうど 1 年たった』」と言われています。また、最後の文で、Christelle は「私がすっかり忘れていた記念日」と述べています。設問文では、「Christelle は Matthias が忘れていた記念日を彼に思い出させた」と、2 人の立場が逆になっていますので、本文の内容と不一致です。名前だけが逆で、状況は同じなので、混乱が生じたのか、実際の試験では全設問中もっとも低い得点率でした。

解 答 (1) ①　(2) ①　(3) ②　(4) ②　(5) ①
　　　　 (6) ②　(7) ②　(8) ①　(9) ①　(10) ②

練習問題 4

- まず、ある年金生活者（retraité）に関するニュースを 2 回聞いてください。
- 次に、その内容について述べた文 (1) ～ (10) を 2 回通して読みます。それぞれの文が話の内容に一致する場合は解答欄の①に、一致しない場合は②にマークしてください。
- 最後に、もう 1 回ニュースを聞いてください。
  （メモは自由にとってかまいません）

〈CD を聞く順番〉 ⓞ ❷⓻ ⇨ ⓞ ❷⓻ ⇨ ⓞ ❷❽ ⇨ ⓞ ❷❽ ⇨ ⓞ ❷⓻

（読まれるテキスト）

Mardi, un retraité de 88 ans a tué trois personnes à Toulouse. Jean Martin, plombier à la retraite, est sorti de chez lui vers 15 heures avec un fusil et dans un café d'à côté, il a tiré sur la patronne du café, âgée de 28 ans, et deux autres retraités qu'il connaissait bien. Ils avaient l'habitude de se rencontrer et de discuter dans ce café tous les jours. Jean Martin est ensuite descendu au bord du fleuve pour tenter de se suicider en retournant l'arme contre lui. Il a été gravement blessé et a été hospitalisé à l'Hôpital La Grave, où il se trouve dans un état critique.

Aline, voisine de Jean Martin, décrit pourtant un homme sans histoires. « On se connaît depuis longtemps, dit-elle. Il était plombier à la retraite et c'était un homme tranquille. Il aimait bien fréquenter les filles, mais à part ça il n'avait pas de problème particulier. » Bien qu'Aline n'en sache rien, Jean Martin se serait vengé d'une vente clandestine. En effet, la patronne du café, qui était sa petite amie, avait vendu l'appartement de Jean Martin à son insu aux retraités tués. C'est sans doute cela qui a déclenché cette action meurtrière.

(読まれる内容について述べた文)

un	:	Jean Martin est un pompier à la retraite.
deux	:	Mardi, Jean Martin est sorti de chez lui vers cinq heures de l'après-midi.
trois	:	Jean Martin a tiré sur la patronne du café et deux retraités.
quatre	:	La patronne du café avait 50 ans de moins que Jean Martin.
cinq	:	Jean Martin et les trois personnes tuées se rencontraient tous les deux jours dans le café.
six	:	Après avoir tué les trois personnes, Jean Martin a tenté de se suicider au bord du fleuve.
sept	:	Quand il a été emmené à l'hôpital, Jean Martin était mort.
huit	:	D'après Aline, Jean Martin était quelqu'un de paisible.
neuf	:	Aline pense que Jean Martin s'est vengé de la vente de son appartement.
dix	:	Sa petite amie avait vendu l'appartement de Jean Martin sans qu'il le sache.

[I] 1次試験の傾向と対策　聞き取り試験 2

解　説　Toulouse で起こった殺人事件の話です。テキストでは、まず、Jean Martin という88歳の男が起こした事件の経過が説明され、次に、男の隣人 Aline の証言、事件の原因が紹介されます。

(1) 第2文で、Jean Martin が plombier à la retraite「引退した配管工」であると述べられています。設問文では pompier「消防士」となっていますから、本文の内容と不一致です。発音の微妙なちがいが聞き取れるかどうかがポイントになります。

(2) おなじく第2文で、Jean Martin が家を出たのは「15時ごろ」と述べられています。設問文では「午後5時ごろ」となっていますので、もちろん本文の内容と不一致です。

(3) 第2文の後半で、「彼は、28歳のカフェの女主人と、知り合いの2人の年金生活者を撃った」と述べられています。これは設問文と一致します。

(4) 第1文で Jean Martin が88歳であること、それから、第2文でカフェの女主人が28歳であることが述べられています。設問文は「カフェの女主人は Jean Martin より50歳若かった」ですから、これでは計算が合いません。したがって、本文の内容と設問文は不一致となります。

(5) 第3文で、「そのカフェで、彼らは毎日会って話をしていた」と述べられています。設問文では tous les deux jours「2日ごとに」と述べられていますので、本文の内容と不一致です。deux が聞き取れるかどうかがポイントになります。

(6) 第4文で、「そのあと、Jean Martin は川べりに行き、銃を自分に向けて自殺を試みた」と述べられています。これは設問文の内容と一致します。

(7) 第5文で、「彼は重傷を負い、Hôpital La Grave に収容されたが、現在生死の境にいる」とあります。設問文は、「病院に搬送されたとき、Jean Martin はすでに死んでいた」ですので、本文の内容と不一致です。

(8) 第6文で、Jean Martin の隣人 Aline が、彼を homme sans histoires「めだった問題のない人（警察沙汰などを起こしたことのない人）」と思っていたことが示されていますし、実際に第8文で「物静かな人だった」と述べています。設問文は「Aline によれば、Jean Martin はおだやかな人だった」とありますので、本文と内容的に一致します。

(9) 第10文で、「Aline はなにも知らなかったが」と前置きされたうえで、「Jean Martin はある秘密の売却行為の復讐をおこなったものと思われる」と述べられています。設問文では、「Aline は、Jean Martin が彼のアパー

151

が売却されたことへの復讐をおこなったと考えている」となっていますので、本文の内容と不一致です。

(10) 第11文で、事件の原因が述べられています。「Jean Martin のガールフレンドだったカフェの女主人は、彼が知らないうちに、彼のアパートを殺害された年金生活者に売却していた」のです。これは、設問文の内容と一致します。

[解答] (1) ②　(2) ②　(3) ①　(4) ②　(5) ②
　　　　(6) ①　(7) ②　(8) ①　(9) ②　(10) ①

［II］2次試験の傾向と対策

(1) **試験方法**
  (a) 試験は個人面接の形でおこなわれます。
    面接委員はフランス人1人＋日本人1人です。
  (b) 試験室に入室する3分前に**A**、**B**ペアの問題を渡されます。
    A、**B**どちらかの問題を選び、3分間の論述 exposé をまとめます。
  (c) 入室すると面接委員が本人確認をおこないます。
  (d) 用意した論述をおこないます。
  (e) 自分が述べたことへの面接委員の質問に答えます。
  (f) 試験時間は入室から退室まで、全体で約7分です。

(2) **2次試験対策**
  (a) 　3分間の論述をおこなうわけですが、3分間という時間がどれくらいの長さなのか、一度、実感してみるとよいでしょう。時計を見ながら、3分間、黙ったままでいてください。あるいは、何か、フランス語のテキストを3分間、声を出して読みつづけてみてください。
    　3分間という時間がいかに長いか、3分間でどれほどたくさんのことが述べられるか、あるいは3分間話しつづけることが単なる日常会話といかにちがうかがわかるでしょう。

  (b) 　試験では、まず、**A**、**B**ペアの問題を渡されます。原則的に、**A**は時事的な内容、**B**はより一般的な話題となっています。実際の傾向としては、**A**をよりむずかしいと感じ、これを避ける受験者が多いようです。しかし、どちらを選んでも、それで優劣がきまるわけではありません。したがって、一般的な話題を扱う**B**を選んでもいっこうにさしつかえありません。どちらを選択しても、議論の論理的な展開に気を配らねばならない点では、まったく同じだからです。話題が一見やさしそうに見えても、それに関して論じるのがかえってむずかしい場合もありますから、その点を十分に考えて選択するようにしてください。

たとえば（以下の例は日本語で示します）、
A「あなたはTPP加盟に賛成ですか」
B「あなたは、グルメ本が大量に出まわっていることをどう思いますか」
の間で選択する場合、どのような議論の展開が可能か考えたうえで、選ばなければなりません。**B**のほうが簡単なように見えますが、グルメ本の定義と分類をし、それをふまえてなぜ「グルメ本」への需要が大きいのかを説明し、その社会的背景を分析したうえで、自分の意見を述べなければなりません。したがって、かならずしも**B**が「楽勝」というわけではないのです。逆に、**A**は、①自由貿易と保護主義をめぐる一般論を述べてから、②参加各国が「特定領域（関税領域）」を担保できるか否かが焦点になることを強調し、③アメリカなどの大国の思惑を背景にして、日本が国益を守るうえで、加盟の有無をきめる基準が浮き彫りになる、と論じていけば、それほど困難でないどころか、かえって議論が組み立てやすいとも言えます（賛否のいずれであれ、議論の骨格を築きやすい、という意味です）。

(c) 　問題を選んだら、その問題文をもう一度よく読んで、何が問われているのかを考えましょう。

　　たとえば

A　Êtes-vous pour ou contre la révision de la Constitution ? Expliquez votre position.

B　Est-ce que vous approuvez de jeunes mères qui font apprendre l'anglais à leurs enfants dès 2 ou 3 ans ?

という設問が出たとしましょう。

　このように、「～に賛成ですか、反対ですか」「～を認めますか」「～を支持しますか」式の問題が出ると、いきなり「賛成です」「反対です」と答え、その理由をひと言ふた言付け加えておしまい、という受験者がいますが、これでは論述はすぐに終わってしまい、1分ともちません。「問題をよく読む」とは、そこで何がポイントになるかを見きわめることなのです。

　Aの憲法についての問題で見ると、「憲法改正に賛成ですか、反対ですか」と問われているわけですが、まず「憲法」とは何か、「改正」とは何か、がポイントになります。

Bの幼児の英語教育の問題では、賛成／反対の自分の意見を述べる前に、幼児に英語を学ばせようとする若い母親がいるという現実とその背景がポイントになります。

(d)　次に、それぞれの問題から抽出したポイントについて、何を述べるべきか考えましょう。
　　A「憲法」というポイントについて、今の憲法はどのような事情のなかで制定されたのか、その特徴は何か、を説明します。「改正」というポイントについては、どのような人々が憲法の何を、どんな理由で、どのように変えようとしているのか、またどのような人々が、どんな理由で、それに反対しているのか、を説明します。そのうえで、この問題についての自分の立場を理由とともに主張します。
　　以上を、3分間という時間制限のなかで簡潔に、そして整然とまとめればいいのです。
　　B「幼児の英語学習」についての問題ですが、なぜ、英語を幼児のときから学ばせようとする母親がいるのか、今の日本でなぜ英語が必要とされるのか、日本人が英語をマスターすることのむずかしさ、母語（日本語）の教育時間をけずってまで英語を学ばせる必要があるか否かという側面などについて述べます。そのうえで、自分の立場を説明し、その立場をとる理由を付け加えます。
　　憲法についても、英語教育についても、以上のようなポイントを3分間で展開することは不可能ではありません。
　　ここで要求されているのは、単にフランス語の能力だけでなく、時事的な問題ないしは日常的な事象についての知識と見識であることがわかるでしょう。フランス語が使いこなせるとは、この種の知的運用力を示すことと同じであると理解してください。

(e)　多少繰り返しをふくみますが、重要なことなので、改めて実際の2次試験を例にとって解説しておきましょう。
　　A　Le gouvernement japonais a décidé d'augmenter la taxe sur la consommation. Qu'en pensez-vous ?
　　という問題が2012年度の準1級で出ましたが、「日本政府が消費税の引き上げを決定した。これについてどう考えるか」という設問に対し

て、多くの受験者が「反対だ。家計が苦しくなるから」と答えました。
　冒頭で自分の立場を明らかにすることはけっしてまちがいではありませんが、問題はそのあとの論述です。
　「給料が下がっているのに、物価があがるのは困る」、「家族が多いので食費がかさむ」、「ひとり暮らしだと家賃も払わなければならないので」など、「家計が苦しい」状況を説明するのに終始する受験者が見うけられましたが、これでは、いくらフランス語がじょうずでも、論述内容の乏しさは否めません。後述しますが、自分自身の置かれた状況を越えて、より広範かつ客観的な視野から論じる姿勢が必要なのです。

　もうひとつ準1級から例をとりましょう。
B　Des supermarchés restent ouverts de plus en plus tard dans la nuit. Qu'en pensez-vous ?
大多数の受験者が「よいことだと思います。便利だから」でおしまいでした。すなわち、消費者として（の自分）の立場だけを考えて、ほかの状況を考慮していなかったのです。実際、質疑応答で、「フランスではお店は日本のように遅くまで開いていませんが、どうしてだと思いますか」と質問されたとき、大半の受験者が答えに窮してしまい、遅くまでスーパーで働く人々の状況に考えがおよぶ人は少数でした。
　これらの例はどちらも、あたえられたテーマについてポイントを抽出し、そのポイントについて表と裏を検討し、そのうえで自分の判断を述べるという訓練ができていないことを示しています。「消費税」の例では、政府が消費税の引き上げを決定するにいたった理由、国民にとっての利点と不利益、「格差社会」のような今日の納税者が置かれている社会状況、増税が景気にあたえる影響、などの多様な問題点を勘案したうえでの「反対」であることを伝えていません。また、「スーパー」の例でも、利点ばかりに目がいき、「スーパー」が遅くまで開いていることによってもたらされる「負」の側面を考慮していません。さらに言えば、利点も、受験者自身の生活圏の内部でしか把握できていません。「スーパー」が深夜まで開いていることを、雇用、（夜の町の）安全、市民生活の利便性、雇用側から見たコストパフォーマンス、消費社会全体に占める意味合い、などの多角的な観点から論じる必要があるのです。

［II］2 次試験の傾向と対策

　たしかに 3 分間という限られた時間内で、数多くの側面を検討することは不可能かもしれません。しかし、問題を表裏の双方から検討しないと、論述に説得力をもたせることができないばかりか、3 分間の論述、4 分間の質疑応答は（たとえ日本語でも）おこなえないでしょう。
　大学入試や就職活動対策で有効とされる「小論文の書き方」ないし「プレゼンテーションの仕方」といった訓練が仏検の 2 次試験の対策にも役立ちます。日本語でもフランス語でも、同じ思考力、論理的構成力がためされているのです。

第2部
2015年度
問題と解説・解答

2015年度準1級出題内容のあらまし

1次 ［筆記］
　　1　動詞・形容詞・副詞の名詞化（穴うめ・記述）
　　2　多義語（穴うめ・選択）
　　3　前置詞（穴うめ・選択）
　　4　談話文（死亡の誤報／動詞を選択活用／穴うめ・記述）
　　5　説明文（食用虫販売の認可／穴うめ・選択）
　　6　説明文（退屈症候群／内容一致・選択）
　　7　説明文（恋愛観の変容後も残る独身者の悩み／日本語による内容要約・記述）
　　8　和文仏訳（会社をさぼってのあてどない散歩／記述）

［書き取り］　談話文（重複した誕生日プレゼントの活用）

［聞き取り］
　　1　対話（乳幼児向けおもちゃレンタルをおこなう女性と記者との対話／仏問仏答完成／穴うめ・記述）
　　2　談話文（病院や老人ホームで人々の心をいやすべく活躍するロボット／内容一致・選択）

2次 ［面接］　（個人面接方式）受験者は試験室入室3分前に渡される2つのテーマのどちらか1つを選択し、それについて考えをまとめておく。試験室では、選択したテーマについて3分間のexposéをおこない、つづいてそれに関連した質疑応答がある。（試験時間約7分間）

2015年度秋季
実用フランス語技能検定試験
筆記試験問題冊子 〈準1級〉

問題冊子は試験開始の合図があるまで開いてはいけません。

筆　記　試　験	14時50分 ～ 16時30分
	（休憩20分）
書き取り 聞き取り　試験	16時50分から約35分間

◇**筆記試験と書き取り・聞き取り試験の双方を受験しないと欠席になります。**

◇問題冊子は表紙を含め12ページ、全部で8問題です。

注 意 事 項

1　途中退出はいっさい認めません。
2　筆記用具は**HB**または**B**の黒鉛筆 (シャープペンシルも可) を用いてください。
3　解答用紙の所定欄に、**受験番号**と**カナ氏名**が印刷されていますから、まちがいがないか、確認してください。
4　マーク式の解答は、解答用紙の解答欄にマークしてください。たとえば、2の(1)に対して③と解答する場合は、次の例のように解答欄の ③ にマークしてください。

例	解答番号	解　答　欄
	2	
	(1)	① ② ● ④ ⑤ ⑥ ⑦ ⑧ ⑨ ⓪

5　記述式の解答の場合、正しく判読できない文字で書かれたものは採点の対象となりません。
6　解答に関係のないことを書いた答案は無効にすることがあります。
7　解答用紙を折り曲げたり、破ったり、汚したりしないように注意してください。
8　問題内容に関する質問はいっさい受けつけません。
9　不正行為者はただちに退場、それ以降および来季以後の受験資格を失うことになります。
10　携帯電話等の電子機器の電源はかならず切って、かばん等にしまってください。
11　時計のアラームは使用しないでください。
12　この試験問題の複製 (コピー) を禁じます。また、この試験問題の一部または全部を当協会の許可なく他に伝えたり、漏えいしたりすることを禁じます (インターネットや携帯サイト等に掲載することも含みます)。

©2015 公益財団法人フランス語教育振興会

1 例にならい、次の (1) ～ (5) について、Aのイタリック体の部分を変化させてBの (   ) 内に入れると、2つの文A、Bがほぼ同じ意味になります。(   ) 内に入れるのにもっとも適切なフランス語 (各1語) を、解答欄に書いてください。(配点 10)

(例) A   Son dernier livre n'était pas *intéressant*.
　　 B   Son dernier livre était sans (   ).

解答：intérêt

(1) A   Il est inimaginable que le premier ministre *se soit vengé* d'un article que j'avais écrit il y a 20 ans.
　　 B   Personne ne peut imaginer que le premier ministre ait tiré (   ) d'un article que j'avais écrit il y a 20 ans.

(2) A   Il faut traiter *équitablement* les élèves.
　　 B   L'(   ) est exigée dans le traitement des élèves.

(3) A   Les manifestants *ont été expulsés* par la police.
　　 B   La police a procédé à l'(   ) des manifestants.

(4) A   Ma secrétaire est trop *discrète* pour lire mon courrier privé.
　　 B   La (   ) de ma secrétaire ne lui permet pas de lire mon courrier privé.

(5) A   Vous êtes aussi *mince* que dans votre jeunesse.
　　 B   Vous avez conservé toute votre (   ).

2

次の (1) ～ (5) について、A、B の (　) 内には同じつづりの語が入ります。(　) 内に入れるのにもっとも適切な語を、下の ① ～ ⓪ のなかから1つずつ選び、解答欄のその番号にマークしてください。ただし、同じものを複数回用いることはできません。(配点　5)

(1) A　C'est un appareil qui sert à (　) les astres.
    B　Il faut (　) le Code de la route.

(2) A　C'est un garçon sans (　). Il ne cause pas de problèmes.
    B　Il est venu ce matin, (　) de voir comment c'était.

(3) A　Est-ce qu'on a le droit de (　) les feuilles mortes dans son jardin ?
    B　Tu sais qu'il est interdit de (　) un feu rouge ?

(4) A　Il vaut mieux ne pas tout lui demander en (　).
    B　Où est le (　) de papier à lettres que j'ai acheté hier ?

(5) A　Pour obtenir l'ouverture de négociations, les salariés se sont mis en grève avec (　) des locaux.
    B　Sa principale (　) est de jardiner.

① activité ② bloc ③ brûler ④ faute ⑤ histoire
⑥ jeter ⑦ mesurer ⑧ observer ⑨ occupation ⓪ paquet

3

次の (1) 〜 (5) の ( ) 内に入れるのにもっとも適切なものを、下の ① 〜 ⓪ のなかから1つずつ選び、解答欄のその番号にマークしてください。ただし、同じものを複数回用いることはできません。(配点 5)

(1) De nos jours, beaucoup de jeunes et de moins jeunes exposent leur vie ( ) ligne.

(2) Irène est partie il y a un an, jour ( ) jour.

(3) Je n'ai pas pu payer mon billet d'avion, parce que j'étais ( ) court d'argent.

(4) L'augmentation des impôts varie ( ) les cas.

(5) Les policiers mènent une enquête ( ) les lieux du meurtre.

① à ② de ③ en ④ envers ⑤ par

⑥ pendant ⑦ pour ⑧ selon ⑨ sous ⓪ sur

4

次の文章を読み、(1) ～ (5) に入れるのにもっとも適切なものを、下の語群から1つずつ選び、必要な形にして解答欄に書いてください。ただし、同じものを複数回用いることはできません。(配点　10)

« C'est une erreur énorme », avoue aujourd'hui le directeur de l'agence de presse britannique Peters, après (1) hier l'annonce erronée de la mort de Watson Millerman, le président-directeur général de l'entreprise Millerman. Que s'est-il donc passé dans la journée d'hier ?

Le matin, est parvenu à l'agence un appel selon lequel le président (2) dans sa résidence. L'origine du coup de téléphone n'est pas connue.

Aussitôt, le rédacteur a contacté le bureau local pour vérifier l'information. Un journaliste a alors appelé le maire de Feltwell où résidait Watson Millerman.

Une étonnante confusion (3) à ce moment-là. Quand le journaliste lui a demandé confirmation de ce décès, le maire a certifié l'information. Mais en fait, il parlait d'un autre homme dont le nom de famille est Watson. Cette personne, qui n'a rien à voir avec le patron de Millerman, était effectivement morte le matin même. À la différence de ce que l'agence a rapporté plus tard, le maire n'a jamais admis qu'il (4) le nom de Watson Millerman : « Le journaliste m'a demandé si Watson était mort. J'ai dit : "Oui." Je pensais qu'on parlait d'un autre Watson. »

L'industriel, lui, avait pris une journée de vacances. Même ses proches ne pouvaient pas le joindre, parce qu'il (5) son portable pour être tranquille. Il a fini par apprendre la nouvelle de sa mort, mais après tout le monde.

couper　　　　décéder　　　　oublier　　　　prononcer
publier　　　　se produire　　se répandre　　tromper

5 次の文章を読み、(1) ～ (5) に入れるのにもっとも適切なものを、それぞれ右のページの ① ～ ⑨ のなかから1つずつ選び、解答欄のその番号にマークしてください。(配点 5)

　Est-il légal de vendre en France des insectes destinés à la consommation humaine ? Un règlement européen daté du 15 mai 1997 « soumet tout nouvel aliment à autorisation communautaire* avant mise sur le marché ». Un nouvel aliment y est défini comme « toute denrée alimentaire dont la consommation humaine est restée négligeable dans l'Union européenne avant la date du 15 mai 1997 ». C'est (1) de ce règlement que la préfecture de Laon a interdit à un restaurant cambodgien la vente d'insectes comestibles.

　Cette dernière est pourtant (2) en France, que ce soit sur Internet, dans certains bars et restaurants, ou en grande surface. La commercialisation est surtout assurée par la société *Insecteat*, spécialisée dans la vente d'insectes sur Internet. Interviewée par *L'Express*, la société (3). « Le règlement du 15 mai 1997 ne mentionne pas du tout la catégorie des insectes comestibles et les analyses de nos avocats vont dans ce sens », explique Jérôme Durand, le responsable d'*Insecteat*.

　La loi communautaire, trop opaque sur cette question, pourrait toutefois prochainement évoluer. À la fin de 2013, la Commission européenne avait déjà présenté un projet de règlement visant à (4) de nouveaux aliments. Tout cela dans le but de permettre « une mise sur le marché plus rapide des denrées alimentaires sûres et innovantes dans l'UE ».

　Manger des insectes, pratique (5), pourrait alors progressivement entrer dans les mœurs**.

* communautaire : EU(ヨーロッパ連合)の
** mœurs : 生活習慣

(1) ① à propos
    ② en dépit
    ③ sur la base

(2) ① beaucoup moins connue
    ② de plus en plus répandue
    ③ plus ou moins critiquée

(3) ① connaît l'illégalité de ses activités
    ② ignore l'illégalité de ce commerce
    ③ nie toute illégalité dans ses affaires

(4) ① examiner avec soin l'introduction
    ② faciliter l'autorisation
    ③ obtenir la condamnation rapide

(5) ① méconnue partout dans le monde
    ② mise en place par le gouvernement
    ③ peu courante en France

6 次の文章を読み、右のページの (1) 〜 (8) について、文章の内容に一致する場合は解答欄の ① に、一致しない場合は ② にマークしてください。（配点 16）

Tout le monde connaît le syndrome* d'épuisement professionnel, appelé SEP. Mais on connaît beaucoup moins son opposé, le syndrome d'ennui professionnel, c'est-à-dire le SEP par l'ennui. Selon la psychologue Marie-Madeleine Chopinet, leur conséquence est pourtant la même : une souffrance pouvant aller jusqu'à la dépression grave. Tout comme les employés surmenés, ceux qui s'ennuient au travail ont beaucoup plus de risques de tomber malades que ceux qui ne connaissent aucun des deux syndromes.

Dans les films, l'ennui au travail est toujours représenté par un personnage comique : quelqu'un de drôle qui ne sait pas quelle est sa tâche. Mais dans la réalité, ce problème n'est pas aussi amusant, d'autant moins que les victimes n'en parlent pas. Pourquoi ? Parce qu'elles ont honte de leur état ; elles ont l'impression d'être payées à ne rien faire ou même de voler leur salaire. C'est ce qui distingue le SEP et le SEP par l'ennui. Comme ceux qui souffrent de ce dernier gardent le silence, il est difficile pour leurs collègues de les aider ou même d'en discuter avec eux.

Que font ces gens quand ils s'imaginent ainsi qu'ils n'ont rien à faire ? Ils gardent souvent plein de documents, qu'ils posent sur leur bureau pour avoir l'air de travailler. Leurs collègues ne peuvent donc pas s'apercevoir du problème qui les tourmente.

Selon Marie-Madeleine Chopinet, le SEP par l'ennui toucherait jusqu'à 25 % des salariés et leur nombre augmentera vraisemblablement dans un contexte de crise économique où l'on n'a plus assez de travail pour remplir ses journées.

* syndrome : 症候群

(1) L'ennui au travail peut causer une dépression grave.

(2) La conséquence des deux syndromes est différente.

(3) L'ennui au travail est moins drôle dans la réalité que dans les films.

(4) Les personnes qui sont tourmentées par le SEP par l'ennui n'ont pas honte de leur problème.

(5) Les collègues de ceux qui souffrent du SEP par l'ennui peuvent aisément s'occuper d'eux.

(6) Sur le bureau de ceux qui souffrent du SEP par l'ennui, il y a souvent beaucoup de documents.

(7) D'après Marie-Madeleine Chopinet, un salarié sur trois souffre du SEP par l'ennui.

(8) Marie-Madeleine Chopinet pense qu'avec la crise économique, le nombre des victimes du SEP par l'ennui va cesser d'augmenter.

7 次の文章を読み、右のページの (1) 〜 (3) に、指示にしたがって**日本語**で答えてください。句読点も字数に数えます。
解答欄は解答用紙の裏面にあります。（配点　15）

　Être célibataire et avoir 30 ans est désormais un statut plutôt positif : certains commencent à croire qu'il est possible de vivre une vie pleinement épanouie en étant seul. Ils perçoivent la vie de couple comme un effort trop pénible. Pourquoi aller risquer tout ce qu'ils ont réussi à accomplir seuls ? Il est bien plus simple de rester seul que de s'encombrer d'un partenaire.

　La conception de l'amour a aussi énormément changé. La société de consommation dans laquelle nous vivons nous appelle à prendre un nouveau partenaire dès que l'occasion s'en présente. L'amour devient un objet de consommation comme un autre. Dans une société où l'on nous répète qu'un tiers des mariages finiront par un divorce, les trentenaires* hésitent, nettement plus que leurs aînés, avant de s'engager à long terme.

　Cependant, rester célibataire peut être encore mal vécu. Alors que tout semble favoriser ce statut, il existe un obstacle : le couple reste la norme** de notre culture, ce qui produit une grande pression psychologique. Certains célibataires se sentent donc blâmés par la société ainsi que par leur entourage.

　Les femmes, en particulier, subissent une pression sociale indéniable, qui devient de plus en plus intense au fur et à mesure que la trentaine approche. Les dîners de Noël, moment privilégié des réunions de famille, peuvent devenir pour certaines une véritable épreuve : elles sont questionnées sur le mariage et leur envie d'enfants. Il est parfois difficile pour les femmes de vivre sans partenaire de manière complètement tranquille.

　Les hommes ne sont pas pour autant épargnés. En effet d'après une étude, ils ne sont que 39 % à considérer qu'être célibataire à 30 ans est une chance (contre 54 % de femmes). Ce chiffre contredit évidemment l'idée selon laquelle les hommes apprécieraient davantage l'indépendance que donne une vie solitaire.

* trentenaire : 30 代の人
** norme : 規範

(1) 筆者は、今日の社会では恋愛がどのようなものになったと述べていますか。
(15 字以内)

(2) 筆者によれば、独身女性がクリスマスに不快な思いをすることがあるのはなぜですか。(30 字以内)

(3) 筆者によれば、30 歳の独身者に関する意識調査の結果は、どのような通念と矛盾していますか。(35 字以内)

8 次の文章をフランス語に訳してください。
解答欄は解答用紙の裏面にあります。（配点 14）

　朝の通勤電車でめざめると、ふだん降りる駅を通り過ぎていた。次の駅で降り、思いきって会社に病気で休むと電話した。川ぞいを１時間ほど歩くと海岸に出た。靴下をぬぎ、片足を水に入れた。

2015年度秋季
実用フランス語技能検定試験
聞き取り試験問題冊子 〈準1級〉

書き取り・聞き取り試験時間は、
16時50分から約35分間

　先に書き取り試験をおこないます。解答用紙表面の書き取り試験注意事項をよく読んでください。書き取り試験解答欄は裏面にあります。
　この冊子は指示があるまで開かないでください。

◇**筆記試験と書き取り・聞き取り試験の双方を受験しないと欠席になります。**
◇問題冊子は表紙を含め4ページ、全部で2問題です。

書き取り・聞き取り試験注意事項

1　途中退出はいっさい認めません。
2　書き取り・聞き取り試験は、CD・テープでおこないます。
3　解答用紙の所定欄に、**受験番号**と**カナ氏名**が印刷されていますから、まちがいがないか、**確認**してください。
4　CD・テープの指示にしたがい、中を開いて、日本語の説明をよく読んでください。フランス語で書かれた部分にも目を通しておいてください。
5　解答はすべて別紙の書き取り・聞き取り試験解答用紙の解答欄に、**HBまたはB**の**黒鉛筆**(シャープペンシルも可)で記入またはマークしてください。
6　問題内容に関する質問はいっさい受けつけません。
7　**携帯電話等の電子機器の電源はかならず切って、かばん等にしまってください。**
8　**時計のアラームは使用しないでください。**
9　この試験問題の複製(コピー)を禁じます。また、この試験問題の一部または全部を当協会の許可なく他に伝えたり、漏えいしたりすることを禁じます(インターネットや携帯サイト等に掲載することも含みます)。

©2015 公益財団法人フランス語教育振興協会

書き取り・聞き取り試験

〚書き取り試験〛
注意事項
　フランス語の文章を次の要領で 3 回読みます。全文を書き取ってください。
・1 回目は、ふつうの速さで全文を読みます。内容をよく理解するようにしてください。
・2 回目は、ポーズをおきますから、その間に書き取ってください（句読点も読みます）。
・最後に、もう 1 回ふつうの速さで全文を読みます。
・読み終わってから 3 分後に、聞き取り試験に移ります。
・数を書く場合は、算用数字で書いてかまいません。（配点　20）

〈CD を開く順番〉　🔘❷❾ ⇨ 🔘❸⓿ ⇨ 🔘❷❾

〚聞き取り試験〛

1
・まず、Pauline へのインタビューを聞いてください。
・つづいて、それについての 5 つの質問を読みます。
・もう 1 回、インタビューを聞いてください。
・もう 1 回、5 つの質問を読みます。1 問ごとにポーズをおきますから、その間に、答えを解答用紙の解答欄にフランス語で書いてください。
・それぞれの (　　　) 内に 1 語入ります。
・答えを書く時間は、1 問につき 10 秒です。
・最後に、もう 1 回インタビューを聞いてください。
・数を記入する場合は、算用数字で書いてください。
　(メモは自由にとってかまいません)（配点　10）

〈CD を開く順番〉　🔘❸❶ ⇨ 🔘❸❷ ⇨ 🔘❸❶ ⇨ 🔘❸❸ ⇨ 🔘❸❶

2015 年度準 1 級書き取り・聞き取り試験

(1) Elle (　　) et livre des (　　) pour enfants et bébés.

(2) En se (　　) sur son (　　) de mère.

(3) Dans un (　　) de 30 km autour du (　　) de la société.

(4) Du matériel qui (　　) au développement (　　) et physique des enfants.

(5) Elle les (　　) avec des produits (　　).

2
- まず、le Robot Dao というロボットについての話を 2 回聞いてください。
- 次に、その内容について述べた文 (1) 〜 (10) を 2 回通して読みます。それぞれの文が話の内容に一致する場合は解答欄の ① に、一致しない場合は ② にマークしてください。
- 最後に、もう 1 回話を聞いてください。
  (メモは自由にとってかまいません)(配点　10)

〈CD を聞く順番〉 ◎ ㉞ ⇨ ◎ ㉞ ⇨ ◎ ㉟ ⇨ ◎ ㉟ ⇨ ◎ ㉞

2016 年度版準 1 級仏検公式ガイドブック

2 次 試 験

試験方法
○ 2 次試験は個人面接です。(面接時間：約 7 分)
○各自の試験開始予定時刻の 3 分前にテーマを 2 題渡します。この 3 分間に、渡された 2 題のテーマのうちいずれか 1 題について考えをまとめておいてください。
○指示に従い試験室に入室し、はじめに氏名等についてフランス語で簡単な質問がありますから、フランス語で答えてください。
○次に選択したテーマについて、3 分間、フランス語で自由に述べてください。つづいて、その内容についてフランス語で質問がありますから、フランス語で答えてください。時間の余裕があれば、一般会話をおこなうことがあります。

＊注意＊・テーマが渡されてから、辞書・参考書類を使ったり、音読したり、他の人と相談したりしないでください。
・試験室入室前に携帯電話、ポケットベル等の電源を切ってください。

2015 年度は以下の問題のうちから、試験本部が選択したものを会場でお渡ししました。

次のテーマのうち、いずれか 1 題について考えをまとめておいてください。
【日本】
1　A　Le système numérique d'identification est déjà en vigueur dans plusieurs pays. Est-ce qu'on a tort de se méfier de l'introduction d'un numéro personnel au Japon ?
　　B　D'après vous, les cris des enfants sont-ils des « nuisances sonores » ?
2　A　Le ministère des Finances japonais souhaite diminuer le nombre d'instituteurs à l'école primaire et au collège. Qu'en pensez-vous ?

B Que pensez-vous de ceux qui utilisent leur smartphone en marchant ?
3　**A** Le Japon doit-il accueillir plus de réfugiés ?
　　B Êtes-vous pour ou contre la vaccination obligatoire ?

【パリ】

1　**A** Les habitants de Hambourg ont rejeté, via un référendum, la candidature de leur ville pour l'organisation des Jeux Olympiques en 2024. La ville de Paris doit-elle maintenir la sienne ?
　　B Les enfants japonais vont tout seuls à l'école et la presse française trouve cela « surprenant ». Partagez-vous ce point de vue ?
2　**A** Après le scandale de Volkswagen, doit-on faire moins confiance aux industriels ?
　　B Au Japon, on interdit aux personnes tatouées l'accès aux bains publics. Qu'en pensez-vous ?

2015 年度（平成 27 年度） 準 1 級

総評 今回の出願者は 1517 名（うち受験者 1259 名）でした。また 1 次試験の合格者は 320 名（対実受験者合格率 25%）、最終合格者は 287 名（同 22%）でした。

　1 次試験全体の平均点は 62 点（平均得点率は 52%）、合格基準点は 73 点（得点率 61%）です。平均点は前回（2014 年度）とくらべて 3 ポイントあがりました。各問題の得点率を比較すると、全 11 問中、5 問がマイナスになりました。とくに、筆記問題の 1 は 8 ポイント、2 は 15 ポイント、5 は 16 ポイントのマイナスになりました。一方、聞き取り問題の 1 は 19 ポイントのプラスとなりました。

　それぞれの問題の平均得点率は、筆記問題の 1 が 23%、2 が 44%、3 が 46%、4 が 32%、5 が 56%、6 が 88%、7 が 54%、8 が 25%、書き取り問題が 54%、聞き取り問題の 1 が 55%、2 が 75% でした。全体の得点傾向としては、筆記問題の 1 （名詞化）、2 （多義語）、3 （前置詞）、4 （動詞の選択活用）、8 （和文仏訳）の得点率が低いことがわかります。これは例年の傾向とほぼ一致していますが、書き取り問題、聞き取り問題のレベルはあがっています。書き取り、聞き取り問題をふくむ 1 次試験の問題別配点は、204 ページに掲載されています。

筆 記 試 験
解説・解答

1 **解説**　文 A をほぼ同じ意味の文 B に書きかえる問題です。A のイタリック体で書かれた動詞・形容詞・副詞を、B で適切な名詞形に変化させ、カッコ内に記入し、文を完成させます。

　同じ 1 つの動詞・形容詞・副詞から、ことなる複数の名詞が派生することもあるため、文の意味をよく理解することが重要です。問題全体の平均得点率は 23％ でした。

(1) **A**：「私が 20 年前に書いた記事に対して首相が恨みを晴らしたとは考えられない」

　vengence と書くスペルミスがめだちました。ほかにも、接尾辞 -ment を使用した *vengement* や、*venge* としたものも散見されました。また、*vengeur* と書く誤答も見られましたが、これでは「復讐をする者」という意味になり、文意にそぐわないことになります。得点率は 20％ でした。

(2) **A**：「生徒は公平に扱わなくてはならない」

　équitabilité と書く誤答がもっとも多く見られましたが、これは「公平」という意味ではなく、「賭の公平性」という意味の単語です。これ以外にも、この設問については、*égalité*「平等」、*équitation*「乗馬」、*équipement*「備品、設備」、*équivalence*「等価」のような、形が似ているものの意味はことなる語を使用した誤答がめだちました。ほかにも、*équilibre*（「バランス」という意味の語ですからそもそも誤答です！）と答えようとして *équible* とつづる例が全体の 2 割近くに見られました。*équitable* とした答案も多くありましたが、これは形容詞です。このように、受験者は悪戦苦闘したようで、得点率は設問中もっとも低い 5％ でした。

(3) **A**：「デモの参加者は警察によって追い払われた」

　explusion というスペルミスがもっとも多く見られました。元の動詞のつづりや語の発音とつづりの連関に注意を向ければ避けられるまちがいです。接尾辞 -ment を使用した *expulsement* や *expulisement* も散見されました。*éxpulsion* とアクサンを付け加えてしまった誤答も見られました。正しいつづりで語を覚えることを心がけましょう。得点率は設問中でもっとも高い 47％ でした。

(4) **A**：「私の秘書はひじょうにつつしみ深いので、私の私信を読むことなどできない」

　discrètement という誤答が多くありましたが、これは「つつしみ深く」という意味の副詞です。接尾辞 -ment を使用した誤答には、*discrément* や *discrétement* も見られました。*discréteté* や *discrèteté* という接尾辞 -té を使用した誤答も散見されました。また、形容詞 *discret*（*discrêt*、*discrèt* といったスペルミスもふくむ）や *discrète* を記した答案もめだちました。得点率は低く、17％でした。

(5) **A**：「あなたは若いころと同じぐらいすらりとしている」

　mincité や *minceté* という接尾辞 -té を使用した誤答があったほか、*mincesse* や *mincement* といったさまざまな名詞化の接尾語を使用した誤答が見られました。形容詞 *mince* をそのまま書いた答案も散見されました。得点率は 25％でした。

解　答	(1) vengeance	(2) équité	(3) expulsion
	(4) discrétion	(5) minceur	

② **解　説**　多義語に関する問題です。**A**、**B** のカッコ両方に入る語をリストのなかから 1 つずつ選びます。

　まず、**A**、**B** の文を読み、両方のカッコにあてはまる文法的な条件（品詞の種類、名詞の場合の性数など）を判別したうえで、候補となる単語をチェックします。多義的な語彙の知識と文法力がためされます。例年、相対的に得点率が高い問題ですが、今回の問題全体の得点率は下がり、44％でした。

(1) **A**：「これは星の観察に役立つ機器だ」

　B：「道路交通法を順守しなくてはならない」

　まずカッコには動詞の不定形が入ることを確認しましょう。**A** に「〜をはかる」を意味する ⑦*mesurer* も入ると考えられそうですが、それでは **B** の文意が成立しなくなります。その一方で、**B** の文において「(法、規則、教えなど) を守る」という意味をもつのは ⑧*observer* で、この語は **A** では「〜を観察する」という意味になります。得点率は設問中もっとも高く、70％でした。

(2) **A**：「問題のない少年だ。悪さはしない」

B：「彼はどんなようすかちょっと見るためにけさきたのだ」
　一見すると、**A**には、「まちがいがない」を意味する④fauteが入ると思われるかもしれません。faute deのあとに動詞の不定形をつづけて「〜しないので」や「〜しなければ」という意味になる表現がありますから、**B**の文の構文を見てなおさらそう考えられるかもしれません。ただ、それでは**B**の文意が成立しなくなりますから、ここには⑤histoireを入れるのが適当です。**A**のように「（悪い意味での）問題」を意味するほか、**B**では「ただ〜するために」という意味になります。得点率は設問中もっとも低い14％でした。
⑶ **A**：「自分の庭で枯葉を燃やしてもいいか」
　　B：「赤信号を無視することは禁じられていると君は知っているか」
　まず動詞の不定形が入ることを理解しましょう。**A**には「投げ捨てる」を意味する⑥jeterが入りそうに見えますが、自分の庭に枯葉を捨てていいかどうかを問うというのは文意から考えてもいささか奇妙です。また**B**の文意も考えれば、ここでは③brûlerを用いるのが適切です。**A**のように「燃やす」を意味するほか、**B**のように「（信号、規則）を無視する」を意味します。なお、赤信号はrouge、黄信号はorange、青信号はvertです。これを機会に確認しましょう。得点率は54％でした。
⑷ **A**：「彼（女）にまとめてすべてたのまないほうがいいだろう」
　　B：「私がきのう買った便せんの束はどこだろう」
　カッコには単数形の男性名詞が入ることをふまえましょう。**B**のpapier à lettres「便せん」から「ひとまとまり」を意味する⑩paquetや、やはり「（便せんなどの）束」を意味する②blocが入りそうに見えますが、**A**の文で前置詞enを用いて「丸ごと、まとめて」を表わすのはblocです。得点率は29％でした。
⑸ **A**：「交渉の糸口をつかむために、従業員たちは事務所を占拠してストライキを始めた」
　　B：「彼（女）のおもな仕事は庭の手入れだ」
　ここには単数形の女性名詞が入ることを察知しましょう。**B**には「活動」を意味する①activitéが入りそうですが、**A**のストの文意と一致しません。ここには⑨occupationを入れるのが適切です。**A**の文では「占拠」を意味し、**B**の文では「（人の時間を占める）用事、仕事、活動」という意味になります。たとえばêtre sans occupationで、「やること（仕事）がない」

ことを意味します。得点率は 53％ でした。

解答 (1) ⑧　(2) ⑤　(3) ③　(4) ②　(5) ⑨

3　**解説**　カッコ内に入る前置詞をリストのなかから選ぶ問題です。一般的に、à、de、en などは使用頻度が高いため、どこにでもあてはまりそうに見えますが、もちろんそんなはずはありません。日ごろから、辞書をひくときには、前置詞の用法に注意することが必要です。また、文全体の意味を考えてから選択しましょう。問題全体の得点率は 46％ でした。

(1)「今日では老いも若きもその暮らしぶりをネット上で人目にさらしている」

情報工学の on line という英語の表現をフランス語にしたもので、acheter en ligne「ネットで買う」や、services bancaires en ligne「オンラインバンキングサービス」のように使います。ただしこの en は、もともと場所、すなわち位置・地点を表わす en の用法です。en は、en l'air「空中に」のような表現の例外を除けば、en forêt「森で」のように一般に無冠詞名詞とともに用いられます。名詞に冠詞がつく場合や、修飾語をともなう名詞では、dans une forêt profonde「深い森で」のように一般的に dans が用いられます。得点率は 62％ でした。

(2)「Irène は 1 年前のちょうど同じ日に行ってしまった」

à pareil jour「同じ日に」と同じ意味の表現です。Il y aura demain dix ans jour pour jour qu'il est mort.「彼が死んで明日でちょうど 10 年になる」というように用いることができます。jour を重ねる表現には、de jour en jour「日に日に、しだいに」、jour après jour「毎日、くる日もくる日も」などがあります。得点率は設問中もっとも低い 18％ でした。

(3)「私は飛行機のチケット代を支払えなかった。お金が足りなかったからだ」

Je suis à court d'idées.「考えが浮かばない」、あるいは Je suis à court d'essence.「ガソリンが足りない」というように、「～を欠いている」ことを意味する表現です。もともと形容詞の court の「短い」が転じて「不十分な」という意味になるのですが、現在では être à court de ~ で副詞の成句として使うのが一般的です。de のあとは無冠詞名詞であることも確認しましょう。得点率は 26％ でした。

182

(4)「税の引きあげは場合によってことなる」

　「〜に応じて」という意味の selon です。selon les circonstances「状況に応じて」のように使います。selon はこのほかにも、「〜にしたがって」という意味があり、Je l'ai fait selon les règles.「それを規則どおりにした」のように使います。あるいは「〜によれば」の意味で、selon ses propres termes「彼自身の述べるところによれば」のように用います。その一方で cas を用いた表現には pour le cas où 〜「〜の場合にそなえて」というものもあるため、カッコには ⑦ pour が入りそうにも見えますが、ここでは複数で用いられていることに注意をはらうとよいでしょう。また、varier「ことなる、さまざまである」という動詞とともに用いるのに適切な前置詞は selon です。得点率は設問中でもっとも高く、67％でした。

(5)「警察官たちは殺人現場で捜査を進めている」

　場所「〜で、〜に」を表わす sur で、sur le marché「市場で」や sur le front「前線で」のように使います。sur les lieux だけで「現場で」という意味があります。sur もじつに多くの意味で用いられる前置詞です。Il est sur son départ.「まさに出発しようとしている」のように時を表わす場合がありますし、un livre sur le cinéma「映画についての本」というように主題・話題を表わすこともあります。カッコに à が入らないのは les がつづいていることからすぐにわかりますが、en が入らないのは位置や地点を表わす en のあとには一般的に無冠詞名詞がくるためです。得点率は 57％でした。

解答　(1) ③　(2) ⑦　(3) ①　(4) ⑧　(5) ⓪

4　**解説**　文章の内容と流れを理解したうえで、適切な意味をもつ動詞を選び、正しい形に変える問題です。時制や法だけではなく、過去分詞の性数一致などのこまかい文法規則にも注意をはらう必要があります。問題全体の得点率は 32％でした。

　今回の問題文は、イギリスの通信社がある社長の死亡通知で誤報をしてしまったという話です。本文は 5 つの段落から構成されています。第 1 段落では、イギリスの通信社の局長が Millerman 社の社長の死亡について誤報を認めたことが語られます。第 2 段落と第 3 段落では、通信社に社長の死亡を知らせる連絡があった経緯と通信社が Feltwell 村長に死亡

を確認したいきさつが述べられています。第4段落ではその確認作業で混同が生じた経緯を説明し、第5段落では当の本人である社長になぜすぐに連絡がいかなかったのか、その理由が述べられています。動詞および時制の選択をきめるときの助けになりますので、全体の構成と内容を前もって把握してから解答にとりかかりましょう。

(1) « C'est une erreur énorme », avoue aujourd'hui le directeur de l'agence de presse britannique Peters, après (1) hier l'annonce erronée de la mort de Watson Millerman, le président-directeur général de l'entreprise Millerman.「きのう、Millerman 社の社長である Watson Millerman が死亡したと誤って報じたのち、きょう、『まったくひどい間違いです』とイギリスの通信社 Peters の局長は認めている」

半分以上の解答が正しく動詞 publier を選んだものの、不定形のままカッコに解答してしまった誤答が見られました。しかし、前置詞 après のあとには動詞の不定法複合形がくるのが原則です（après dîner「夕食のあとで」など若干の定型的表現は除く）。この原則を知っていれば、正解の avoir publié を容易にみちびけたでしょう。なお、直説法複合過去形 *a publié* や直説法大過去形 *avait publié* も散見されましたが、動詞を活用させるならば après que としてから主語を明示する必要があります（この構文を用いることができるのは、従属節の主語と主節の主語がことなっている場合にかぎります）。得点率は45%でした。

(2) Le matin, est parvenu à l'agence un appel selon lequel le président (2) dans sa résidence.「その朝、通信社に電話があり、それによれば社長が自宅で亡くなったとのことだった」

正解は décéder の条件法過去形の serait décédé です。selon があることからもわかるように「電話によれば」という説明ですから、ここでは伝聞を表わす条件法がもっとも適切です。ただし、語り手が「社長の死」を「事実」としてとらえている可能性も完全には排除できないので、直説法大過去形 était décédé も可としました。この動詞は mourir「死ぬ」の同義語で、複合形では助動詞に être をとります。*avait décédé* や *a décédé* のように、助動詞に avoir を用いた誤答が散見されました。助動詞を être としたものの *est décédé* と直説法複合過去形の答案も見られました。「社長が亡くなった（らしい）」という出来事は、「朝、電話がかかってきた」という出来事に先立って起こっていたわけですから、直説法を用いるのであれば大過

去形にするべきです。また、この文では主語と動詞が倒置していることにも注意が必要です。un appel が主語名詞ですが、そのあとに selon lequel [...] の部分がつづいて長くなるので比較的短い動詞 est parvenu と倒置しているのです。得点率は設問中でもっとも低く、12％でした。

⑶ Une étonnante confusion （　3　） à ce moment-là.「そのとき、驚くべき混同が起こった」

　正解は se produire の直説法複合過去形である s'est produite です。この代名動詞は複合過去形で主語の性数と過去分詞が一致します。この文では、une étonnante confusion が主語ですから、ここでは過去分詞を女性単数に性数一致させなくてはなりません。しかし、s'est produit とした答案が 2 割程度認められました。また、se répandre を選んで s'est répandu(e) とした答案も多く見られました。se répandre の意味は「広まる、流布する」ですが、この文のあとに混同がどのような経緯で起こったかが説明されますから、文脈から適切な解答ではないと判断すべきです。また s'était produite と直説法大過去形にした誤答が見られましたが、ここでは前の段落から引きつづいてきのうの日中に起こった出来事を時系列順に述べているので、不適切です。得点率は 41％でした。

⑷ À la différence de ce que l'agence a rapporté plus tard, le maire n'a jamais admis qu'il （　4　） le nom de Watson Millerman.「のちに通信社が報じたことと異なり、村長は Watson Millerman の名前を口にしたとはけっして認めなかった」

　この文では、従属節にカッコがふくまれています。主節で動詞 admettre が否定表現をともなって用いられていますが、この場合、従属節では、接続法を用いるのが適切です。また、村長が Watson Millerman の名前を口にしたという行為は、そのことをけっして認めなかったという行為よりもさらに前に完了している行為ですから、接続法過去形の ait prononcé が正解となります。日常語ではほとんど用いない文的表現ですが、接続法大過去形の eût prononcé も正解となります。また、ここでは接続法が望ましいのですが、日常表現としては、直説法大過去形も排除できませんので avait prononcé も可としました。実際の試験では、tromper「だます」を用いて a trompé とした誤答が多く見られました。これは、文意から「まちがえて」という意味と勘ちがいをしたものと思われますが、その意味でならば代名動詞 se tromper が用いられるはずです。また、oublier を選択し、

185

avait oublié や *a oublié* とした受験者もいましたが、ここではあとにくる別の Watson のことだと思っていたとする説明と矛盾することになります。村長は名前を忘れていたわけではないからです。得点率は低く、22％にとどまりました。

⑸ Même ses proches ne pouvaient pas le joindre, parce qu'il (5) son portable pour être tranquille.「彼の近親者ですら彼と連絡をとることはできなかったが、それは静かでいられるように携帯電話を切っていたからだった」

正解は直説法大過去形の avait coupé です。近親者が連絡をとろうとした過去のある時点において、携帯電話を切る行為がすでに完了していたのですから大過去形が適切で、*a coupé* のような直説法複合過去形は入りません。さらにここでも動詞 *oublier*「忘れる」を選んでいる受験者が多かったのですが、じゃまされないために意図的に携帯電話を切っていたのでここでは文意から不適切です。得点率は39％でした。

解　答 ⑴ avoir publié　⑵ serait décédé　⑶ s'est produite
⑷ ait prononcé　⑸ avait coupé

5 **解　説** 文章の流れを追いながら、カッコに入れるのにもっとも適切なものを選択する問題です。内容理解そのものにかかわる場合もあれば、構文や言い回しの知識がポイントとなる場合もあります。問題全体の得点率は昨年度よりも16ポイント下がり、56％でした。

今回は、食用虫販売の問題を扱った文章です。全体で4つの段落があります。まず、EU（フランス語では l'Union Européenne、ヨーロッパ連合）では1997年5月15日に定められた規則により新しい食品は市場に出す前に認可の取得が必要であり、その規則にもとづいて食用虫の販売が禁じられたことが第1段落で述べられます。第2段落では、この食用虫をインターネットで販売している会社の主張が説明されます。第3段落では、今後の対策を盛り込んだ法案について論じられています。最後に、第4段落で昆虫食がフランスの生活習慣のなかにしだいに入ってきていることを指摘して文章はしめくくられています。

⑴ 第1段落前半では、EU 内で1997年5月15日以前に消費がほとんどなかった食料品は新しい食品と見なされ、市場に出す前に認可が必要と

定める規則があるとされます。そしてこのような説明のあと、カッコをふくんだ文がつづきます。「この規則に（　　　）Laon の県庁があるカンボジア料理店での食用虫の販売を禁じた」。選択肢には、①「に関して」、②「にもかかわらず」、③「にもとづいて」とありますが、文意から正解は③だとわかります。これらの 3 つの選択肢はいずれもよく見かける表現ですから、どのような文脈で用いるものなのか、この機会に確認しておきましょう。得点率は 63％でした。

　(2) 第 1 段落最後の文で、あるカンボジア料理店が食用虫の販売を禁じられたと述べられたあと、第 2 段落の冒頭にカッコをふくむ文が登場します。ここで正答をみちびくには、主語の Cette dernière が前段落の la vente d'insectes comestibles「食用虫の販売」を指していること、そして副詞 pourtant「しかしながら」いう語が逆接を表わすことをおさえる必要があります。選択肢には、①「はるかに知られていない」、②「しだいに広まっている」、③「多かれ少なかれ批判されている」とありますので、②がもっとも文脈にふさわしいとわかります。したがって、(2) を補充すると「しかしながら、インターネット上であれ、一部のバーやレストランであれ、スーパーマーケットであれ、食用虫の販売はフランスでしだいに広まっている」となります。得点率は 66％でした。

　(3) 第 2 段落第 2 文で、食用虫の商品化は、これをインターネット上で販売している Insecteat 社によって進められていると明らかにされます。そして、つづく第 2 段落第 3 文にカッコがふくまれています。このカッコは、L'Express 誌のインタビューを受けた当該会社の回答を要約した箇所に対応しています。解答にあたっては、インタビューの一部を直接話法で引用した直後の一節（第 2 段落第 4 文）に注目しましょう。ここで Insecteat 社の代表は、「1997 年 5 月 15 日の規則は食用虫というカテゴリーについてはまったく言及していないし、わが社の弁護士の分析もそのような方向性にある」と述べています。この一節から、Insecteat 社が規則の内容をよく把握していることが理解できますし、該当の規則によれば、食用虫の販売は非合法ではないこともわかります。選択肢では①「その取引の非合法性を知っている」、②「その商売の非合法性を知らない」、③「その取引のいかなる非合法性も否定する」とあります。規則のことをよく把握しているのですから、②が誤答であることは明らかです。また、合法性を主張するのですから①もあてはまりません。したがって、正解は③となります。

得点率は 52％でした。

　(4) 第3段落第1文では、まず、新しい食品の販売をめぐる EU の法律が改正される可能性が示唆されています。そして、つづく第2文にカッコがふくまれています。「新しい食品の（　　　）ことをねらって 2013 年末に欧州委員会は新しい規則案を提出していた」。直後で、そのような措置は「EU における安全確実で革新的な食品をより迅速に市場に提供する」ことを目的としていると述べられていますから、その内容と一致する選択肢が正解となるはずです。選択肢には、①「導入を入念に検討する」、②「認可を容易にする」、③「迅速に禁止する」とありますが、迅速に市場に提供するという趣旨と一致するのは②です。残念なことに、30％の受験者が誤答である選択肢①を選んでいました。新しい食品の「入念な検討」は、この食品を「迅速に市場に提供」しようという目的にはそぐわない行為です。得点率は 53％でした。

　(5) 第4段落は全体をまとめる1文から成る段落ですが、ここにカッコがふくまれています。「そうすれば（＝新しい食品に対する規則が改正されれば）、昆虫食という（　　　）慣行がしだいに生活習慣のなかに入ってくるだろう」。カッコは、昆虫食がどのような慣行であるのか説明する一節に対応していることに注意しましょう。選択肢①のように「世界のいたるところで知られていない」とすると、カンボジア料理店で提供されていたという事実と矛盾します。また、本文では食用虫販売をインターネット上でおこなう一般企業の例は示されていましたが、②のように「政府により実施された」わけではありません。したがって、消去法によっても、また文脈から判断しても③「フランスではあまり一般的ではない」が正解だとわかります。得点率は全設問中でもっとも低く、47％でした。

解答　(1) ③　　(2) ②　　(3) ③　　(4) ②　　(5) ③

6　**解説**　本文の内容と、あたえられた文の内容が一致するかどうかを判断する問題で、例年、得点率が高い問題です。今回も平均得点率は 88％で、高いレベルでした。設問文は、本文中の文とそのまま対応する場合もありますが、文章全体の意味を把握していないと判断がむずかしくなるものもあります。文それぞれの理解も大切ですが、長文全体の内容を正確に理解するように努めましょう。

働きすぎにより疲れきってしまう、いわゆる燃えつき症候群（le SEP : le syndrome d'épuisement professionnel）がありますが、その逆で、退屈症候群（le SEP par l'ennui : le syndrome d'ennui professionnel）の問題を取り上げたのが今回の文章です。

(1)「仕事で退屈なことがひどい抑うつ状態の原因となりうる」。本文第1段落の第3文で、「心理学者のMarie-Madeleine Chopinetによれば、それら（＝燃えつき症候群、および退屈症候群）の結果は同じである。すなわち、ひどい抑うつ状態にまで達することもある苦しみなのである」と述べられています。したがって、設問文は本文の内容と一致します。得点率は92％でした。

(2)「2つの症候群の結果はちがう」。設問(1)とおなじく、本文第1段落の第3文から結果は同じであることが指摘されていますので、設問文と本文の内容は一致しません。得点率は88％でした。

(3)「仕事で退屈なことは、現実におけるよりも映画のなかでのほうがこっけいだ」。本文第2段落の第1文と第2文に注目しましょう。第1文では、「映画のなかで仕事がない人物は喜劇的人物によって演じられていて、それは、何が自分の仕事なのかわからないこっけいな人物だ」と述べられています。その一方で、第2文では、「現実では患者がそのこと（＝何が自分の仕事なのかわからないこと）について語ろうとしないだけにいっそう、こうした問題はゆかいなものではない」と述べられています。したがって、設問文は本文の内容と一致します。d'autant moins que ~ は、「~なだけにいっそう~ない」という意味で、d'autant plus que ~「~なだけにいっそう~」とあわせて確認しておくとよいでしょう。得点率は81％でした。

(4)「退屈症候群に悩む人たちは、彼らのかかえる問題を恥ずかしいとは思っていない」。ところが、本文第2段落の第2～4文では、患者が自分たちの問題について話さないのは、恥ずかしいと思っているからだと述べられています。したがって設問文は本文の内容と一致しません。得点率は91％でした。

(5)「退屈症候群に苦しむ人たちの同僚は、容易に彼らのケアをすることができる」。本文第2段落の第6文で、「退屈症候群に苦しむ人が沈黙を保っているので、彼らの同僚たちにとっては彼らを助けるのはむずかしいし、彼らと話し合うことすらむずかしい」と述べられていますので、設問文は本文の内容と一致しません。得点率は91％でした。

(6)「退屈症候群に苦しむ人の事務机の上には、しばしばたくさんの書類がある」。本文第3段落の第1文で、「することがなにもないと思い込んだら、これらの人たちはどうするだろうか」と問いかけ、つづく第2文で「たいていの場合、彼らは書類をたくさんかかえ込んで机の上に置き、働いているふりをするのだ」と述べられています。したがって設問文は本文の内容と一致します。得点率は95%でした。

(7)「Marie-Madeleine Chopinet によればサラリーマンの3人に1人は退屈症候群に苦しんでいる」。本文第4段落の第1文前半では、「Marie-Madeleine Chopinet によると、退屈症候群の影響はサラリーマンの25%にまでおよんでいるとのことだ」と述べられているので、4人に1人の割合となり、設問文と本文では、数値が一致しません。得点率は95%でした。

(8)「Marie-Madeleine Chopinet は、経済危機にともない、退屈症候群の罹患者数の増加は止まるだろうと考えている」。本文第4段落第1文後半では、「経済危機の状況下では1日をみたすだけの仕事がなくなり、その数（＝退屈症候群の症例数）はおそらくふえるだろう」と述べられています。したがって設問文と本文の内容は一致しません。得点率は、全設問中でもっとも低く、72%でした。

解 答 (1) ① (2) ② (3) ① (4) ②
(5) ② (6) ① (7) ② (8) ②

7 **解 説** 長文を読み、内容を理解したうえで、設問に日本語で答える問題です。フランス語の読解力だけではなく、本文の内容を日本語でコンパクトに要約する力も問われます。設問に対応する部分をみつけてそのまま訳すと、どうしても字数オーバーになってしまうため、ポイントを的確につかんでまとめる技術が必要になります。問題全体の得点率は、昨年度より8ポイント上昇し、54%でした。

今日の恋愛観を独身者の観点から分析し、彼らにとって独身生活とはどのようなものか検討する文章です。

(1) 第1段落では、30歳の人にとって、独身であることは積極的な価値をもつことで、ひとり者でも十分に生き生きとした生活を送れると考えている人もいることが紹介されます。「カップルでの生活はあまりにもつらい努力を強いられるもの」（第2文）と見なしたり、「パートナーをもてあ

ますよりひとりでいるほうがはるかに楽だ」(第4文) と考えたりする向きもあるとされます。つづく第2段落の第1文で「恋愛観もずいぶん変わった」とありますから、この段落が設問に直接結びつく段落だとわかります。まず、第2文では、「今日の消費社会ではわれわれは機会があれば新しいパートナーをもつようになっている」と、現代人の行動パターンについて述べてから、つづく第3文で、それはどのようなことを意味するか説明しています。ですから、この第3文 L'amour devient un objet de consommation comme un autre.「恋愛はほかのものとおなじく消費の対象となっている」が正答をみちびくための鍵となります。字数は15字以内と指示されていますから、この短い文を用いれば適切な長さになります。残念なことに、鍵となる語である objet「対象」について、「置物」や「目的」など、別のニュアンスでとっている答案もありました。フランス語は多義語の多い言語ですので、日ごろから辞書の定義をくまなく読むように心がけ、読解にあたってはひとつひとつの語を文意に一致する正しい意味で理解することが重要です。得点率は67%でした。

(2) 第3段落以降では話題が変わり、独身生活の大変さが説明されます。とりわけ第4段落では独身女性に対する社会的なプレッシャーについて述べられています。独身女性がクリスマスに不快な思いをすることがある理由を尋ねる設問ですから、第2文 Les dîners de Noël, moment privilégié des réunions de famille, peuvent devenir pour certaines une véritable épreuve : elles sont questionnées sur le mariage et leur envie d'enfants.「クリスマスの夕食、それは家族の集いに好都合な機会だが、これがいく人かの女性たちにとってはまったくの試練になってしまうことがある、というのも彼女たちは結婚しないのか、そして子どもを持ちたくないのかと尋ねられるからである」が注目すべき文です。ここで女性たちが尋ねられている内容を解答に用いれば正解となります。得点率は63%でした。

(3) 第4段落で指摘されているような独身女性のかかえる問題をふまえて、第5段落の内容全体をとらえることが重要です。とりわけ、正解をみちびくために鍵となる文は、第3文です。Ce chiffre contredit évidemment l'idée selon laquelle les hommes apprécieraient davantage l'indépendance que donne une vie solitaire.「この数字(＝30歳で独身であることは幸運だと考える男性は39%しかいないという数字)は当然ながら、独身生活があたえてくれる独立を男性がよりいっそう高く評価するものだろうという考

えと矛盾している」という説明をふまえるとよいでしょう。解答のなかには les hommes を「人類」や「人々」と理解している例が散見されましたが、第4段落と第5段落の対比的な段落の書き出しに気づくことができれば、このような誤解は避けることができたはずです。得点率は低く、32％でした。

> [解答例] (1) 消費の対象となった。（10字）
> (2) 家族に結婚や子どものことを尋ねられるから。（21字）
> (3) 女性にくらべて男性のほうが独身生活を楽しんでいるという通念。（30字）

[8] [解説] 和文仏訳は準1級ではじめて登場する問題です。1語ずつフランス語の単語に置きかえる直訳ではなく、全体的な意味を把握し、フランス語として意味の通る文章に訳すことが必要になります。得点率は25％で、昨年度より2ポイント下がりました。

今回訳す文章で語られている内容は、朝の通勤電車で寝過ごしてしまい、会社を休んであてどない散歩に出た人の体験です。文の数は4つと多めだったものの、そのぶんだけ文の長さが短く、訳出は比較的容易だったのではないかと思われます。また、今年の文章でも特別な語彙が要求されているわけではありません。しかしながら、基本的な語彙力や初歩的な文法の知識が足りないと思われる答案が散見されました。もちろん、時制についての注意にくわえ、構文を整理する力がなければ、意味の通る文章にはなりません。

それでは、おもなポイントを見ていきましょう。

「朝の通勤電車でめざめると、」

[解答例] のように Quand je me suis réveillé(e) dans le train matinal qui me menait au travail とするかわりに、*Quand je me suis réveillé(e) dans le train matinal pour aller au travail* とする誤答が多く見られました。これでは仕事に行くために朝の電車のなかで起きたことになってしまいます。動詞の主語が日本語の文意と一致するような構文を考えることが必要です。なお、この部分では qui me menait とするかわりに、me menant とすることも可能です。menait のかわりに conduisait（現在分詞を用いる構文では conduisant）も可能です。réveillé(e) を *révéillé(e)* や *reveillé(e)* とつづっ

た誤答も多く見られました。スペルミスには注意が必要です。動詞 se réveiller ではなく動詞 *se lever* を使った解答も見られましたが、これでは「目覚める」のではなく、「起床する」ことになりますから、適切な解答ではありません。

「ふだん降りる駅を通り過ぎていた。」

解答例のように la gare où je descendais とするかわりに、la gare à laquelle je descendais とすることが可能です。しかし où や à laquelle ではなく、これを *que* とする誤答が散見されました。なによりも descendais を *desendais* や *decendais* や *descendait* とつづる誤答が多く見られました。基本単語についても正しいスペルをいま一度確認してください。「ふだん」は normalement のかわりに、ordinairement や d'ordinaire、habituellement や d'habitude も可能です。la gare [...] était déjà passée を j'avais déjà passé la gare とすることも可能です。

「次の駅で降り、」

解答例の Descendu(e) を、Une fois descendu(e) や Après être descendu(e)、Je suis descendu(e) [...] et [...] とすることができます。その際に descendre の複合形の助動詞に être ではなく avoir を用いて *Après avoir descendu(e)* のようにする誤答が散見されました。基本的な文法事項に気をつけるようにしたいものです。また、à la gare suivante を à la gare d'après とすることは可能ですが、*à la gare prochaine* とはならないことに注意しましょう。「駅」をメトロの駅と見なすなら、la gare のかわりに la station とすることも可能です。

「思いきって会社に病気で休むと電話した。」

解答例の j'ai finalement téléphoné は j'ai finalement décidé de téléphoner / je me suis décidé(e) à téléphoner / j'ai résolu de téléphoner / je me suis résolu(e) à téléphoner / j'ai résolument téléphoné / à la réflexion j'ai téléphoné と書くことが可能です。なお、téléphoné à mon entreprise を、動詞 appeler を使って書くのならば、appelé mon entreprise となり、mon entreprise は直接目的補語になる（つまり、前置詞 à がない）ことにも留意したいものです。また、je serais absent(e) pour cause de maladie は、je serais absent(e) parce que j'étais malade / je m'absentais pour raison de maladie / je prenais un jour de congé maladie / je ne viendrais pas travailler parce que j'étais malade とすることも可能です。名詞の maladie を使うべき部分に、形容

詞の *malade* を用いる誤答が多く見られました。正しい品詞を使えるように注意しましょう。

「川ぞいを 1 時間ほど歩くと海岸に出た。」

[解答例]の Après avoir marché environ une heure le long de la rivière のかわりに、Après avoir longé la rivière pendant une heure environ、あるいは En longeant la rivière, au bout d'une heure environ と書くことも可能です。しかし、après を *aprés* とする誤答が多く見られました。また、「1 時間ほど」の「ほど」を訳し忘れる解答も散見されました。こまかい点に配慮した訳出が望まれます。なお、「川ぞい」に *à côté de*～ は適切な解答ではありません。

「靴下をぬぎ、片足を水に入れた。」

[解答例]の J'ai enlevé mes chaussettes のかわりに、J'ai retiré mes chaussettes / J'ai ôté mes chaussettes / Une fois mes chaussettes enlevées, je [...] も解答として適切ですが、*Je me suis déshabillé(e) mes chaussettes* とした誤答がめだちました。なによりも chaussette「靴下」を *cho*s*è*te というようにまちがいのあるつづりで書いていたり、*chaussure*「靴」と混同したりした誤答が多く見られました。また、j'ai plongé un pied dans l'eau のかわりに j'ai mis un pied dans l'eau / je me suis trempé un pied dans l'eau とすることができますが、*je me suis plongé(e) un pied dans l'eau* や *je me suis mis(e) un pied dans l'eau* とすることはできません。代名動詞の正しい用法を理解するように心がけましょう。

[解答例] Quand je me suis réveillé(e) dans le train matinal qui me menait au travail, la gare où je descendais normalement était déjà passée. Descendu(e) à la gare suivante, j'ai finalement téléphoné à mon entreprise en disant que je serais absent(e) pour cause de maladie. Après avoir marché environ une heure le long de la rivière, je suis arrivé(e) au bord de la mer. J'ai enlevé mes chaussettes et j'ai plongé un pied dans l'eau.

書き取り・聞き取り試験
解説・解答

〔書き取り試験〕

解説 書き取り問題では、音として聞き取った語を書き取ると同時に、語末の子音、複数の -s、女性形語尾の -e など、発音には出てこない部分も書き出さなくてはなりません。文章は3回読まれますから、2回目で書き取ったあとに、3回目にもう一度、文章を聞きながら、こまかい文法事項をチェックするようにしましょう。また、「. (point)」、「, (virgule)」、「: (deux points)」、「! (point d'exclamation)」、「« (Ouvrez les guillemets.)」、「» (Fermez les guillemets.)」などの指示が入ることもあります。書き取りに集中しすぎて、混乱しないようにしましょう。

今回は、去年夫からもらった誕生日プレゼントがその前の年にもらったものと同じ手袋でがっかりしていたら、この2月にデパートの駐車場で左手の手袋をなくしてしまい、夫が意気揚々と去年の手袋を取り出してきたという話です。得点率は54％でした。

おもな問題点を、各部分の得点率とともに見ていきましょう。

例年どおり、スペルおよびアクサンのミスがめだちました。たとえば第1文の d'anniversaire（正答率は70％）については、*d'anniverssaire*、*d'aniversaire* と書くまちがいが多く見られました。d' を書き落とす誤答も多くありました。また、肝心のキーワードである第2文の des gants（正答率は62％）を *des gans* や *des gons* とするスペルミスもよく見られるまちがいでした。とくに後者は鼻母音に注意することで避けることができるミスで、つづり字と発音の関係を正確に理解することが大切です。できるだけ発音しながら書いて覚える習慣を実践しましょう。第4文の déçue を *deçue*、*dessus* とした誤答がかなりありました（正答率は34％）。また、夫からのプレゼントということで、妻が語っている文章と考えられることから、女性単数に性数一致すべきですが、*déçu*、*deçu* とした答案も多く認められました。第5文の marron は単語としては知っていてもフランス語で書くことが少ないためか、正答率は37％にとどまりました。単純なスペルミスから *maron* と書いた誤答もめだちましたが、直前の「: (deux points)」を文の終わり「. (point)」と勘ちがいしたのか、*Marron* のよう

に大文字で始めてしまう誤答も多く見られました。また、marron を形容詞で用いる場合は性数による変化がありません。気をつけましょう。第 6 文の faisais（正答率は 42%）については、*fesais*、*faisait* などの誤答が多く見られました。このような基本動詞のスペルと活用は確実に覚えたいものです。その直後にある des achats も、*des achâts* のようにアクサンがついた誤答が見られました（正答率は 59%）。第 8 文の paire については、*pair* や *pairs* といったスペルミスがあった一方で、*père* や *terre* との勘ちがいが全体の 2 割以上になりました。正答率は 29% でした。

　聞き取れた音だけを頼りにして、文の構造や単語と単語のつながりを理解しないまま中途半端に書き写したと思われる誤答もめだちました。たとえば、第 2 文の m'avait offert（正答率は 49%）を *m'avait faire* とした答案がかなり認められましたが、avoir のあとに動詞の不定形を置くことはできません。また、おなじく第 2 文の ceux（正答率は 14%）を *ce* と聞きまちがえたためか、関係詞 que のあとに出てきた動詞 donnés（正答率は 15%）を *donné* と書いた答案が大半を占めました。ceux の直前に les mêmes とありますし、もとより des gants についての文章ですから、全体の文意と構文から ceux がみちびき出されてしかるべき箇所です。第 8 文の tendu（正答率は 37%）を *m'attendu(e)* とした誤答がかなりありましたが、これでは補語人称代名詞 me が助動詞 avoir の直前ではなく過去分詞 attendu の直前に置かれてエリジョンしていることになり、構文として成立していません。正しい構文に意識を向けることで、正しい答えを書けるようになるはずです。

　最後にもうひとつ正答率の低かった箇所として、第 5 文の d'une autre couleur の部分をあげておきます。正答率は 20% でしたが、*de notre couleur* や *une autre couleur* や *du autre couleur* や *de autre couleur* といった誤答がめだちました。エリジョンがあるために正しいスペルが想起できなくなる例は、例年よく見うけられます。エリジョンを起こす可能性のある単語は、エリジョンのある形にも慣れるように心がけましょう。

　音だけに集中するのではなく、それぞれの文の構造や意味に注意しましょう。書き取り試験では 3 回読まれますので、たとえ 1 回目で十分理解できなくても、けっしてあせらず、2 回、3 回と聞いていき、ていねいに書き取りを完成していくことを心がけてください。

2015 年度準 1 級書き取り・聞き取り試験　解説・解答

[解　答（読まれる文）]　L'an dernier, je n'avais pas eu le cadeau d'anniversaire que je voulais. Mon mari m'avait offert des gants, et c'étaient les mêmes que ceux qu'il m'avait donnés l'année d'avant ! En plus, ils étaient noirs, comme les autres. J'étais vraiment déçue. Si, au moins, il en avait acheté d'une autre couleur : marron, par exemple. Et puis, au mois de février, j'ai perdu un gant dans le parking d'un grand magasin où je faisais des achats. C'était le gauche. Alors, mon mari m'a tendu le gant gauche de la deuxième paire, en me disant qu'il avait bien choisi son cadeau !

〖聞き取り試験〗

1

(1)　Elle (　　) et livre des (　　) pour enfants et bébés.
(2)　En se (　　) sur son (　　) de mère.
(3)　Dans un (　　) de 30 km autour du (　　) de la société.
(4)　Du matériel qui (　　) au développement (　　) et physique des enfants.
(5)　Elle les (　　) avec des produits (　　).

（読まれるテキスト）

Le journaliste : Pauline, vous venez de créer une entreprise qui s'appelle « Aux apprentis mignons ». Qu'est-ce que vous faites exactement ?

Pauline : Je loue et livre des jouets pour enfants et bébés.

Le journaliste : Comment vous est venue l'idée de cette activité ?

Pauline : En me fondant sur mon expérience de mère. Les enfants se lassent vite. J'aurais aimé pouvoir emprunter des jeux comme cela se fait pour les voitures.

Le journaliste : Vous conduisez vous-même un petit camion. Jusqu'où allez-vous livrer ?
Pauline : Actuellement, dans un rayon de 30 km autour du siège de la société.
Le journaliste : Comment choisissez-vous votre matériel ?
Pauline : Je choisis avec beaucoup de soin du matériel qui serve au développement intellectuel et physique des enfants.
Le journaliste : Il n'y a pas de risques pour la santé ?
Pauline : Oh, aucun souci ! Les jouets sont nettoyés avec des produits naturels à chaque fois qu'ils sont rendus.

(読まれる質問)

un : Qu'est-ce que Pauline fait comme travail ?
deux : Comment Pauline a-t-elle eu l'idée de créer son entreprise ?
trois : Jusqu'où Pauline va-t-elle livrer ?
quatre : Quel type de matériel Pauline choisit-elle ?
cinq : Qu'est-ce que Pauline fait à chaque fois que les jouets sont rendus ?

解説 読まれるテキストおよび質問をよく聞き取ったうえで、カッコに適切な語を入れて、質問に対する答えを完成させます。読まれるテキストに出てきた語をそのまま書き入れる場合もあれば、語を変形する必要がある場合もあります。書き取り問題と同様に、正確なスペルで書くこと、文法の知識を十分に活用することが重要になります。全体的に、正しい語を選んだにもかかわらず、スペルミスやアクサンのつけまちがえによる誤

答がめだちました。問題全体の得点率はふるわなかった昨年度より 19 ポイント上昇し、55％でした。

　今回は、Pauline と記者との会話です。彼女は、乳幼児向けのおもちゃをレンタルする新しいビジネスを始めた女性です。仕事の概要、この仕事を始めた理由、業務の詳細について、順に話しています。

　(1)「Pauline は仕事として何をしているか」という質問です。解答は Pauline の 1 番目の返答に対応しますので、1 つ目のカッコには loue、2 つ目のカッコには jouets が入ります。jouets のかわりに、jeux を入れることも可能です。loue については、*lit*、*lu*、*roue* などとするスペルミスが多く、得点率は 59％でした。l と r の音の聞き分けが苦手な人は多いかもしれませんが、慣れれば十分に聞き分けられますから、努力が大切です。jouets は動詞の不定形をそのまま用いた *jouer* やその過去分詞（*jouée* や *joués* など）を名詞と混同している誤答が多く見られました。得点率は 40％でした 。

　(2)「Pauline はどんなふうに彼女の会社を創設しようと思いついたのか」という質問です。Pauline の 2 番目の返答と重なりますので、1 つ目のカッコには fondant、2 つ目のカッコには expérience が入ります。fondant については se fonder のジェロンディフであることが理解できなかったためか、*fonde*、*fondance*、*fond*、*font* という誤答が見られました。ジェロンディフと理解できても、*fandant* とスペルミスから誤答となった例も多く見られました。得点率は 51％でした。expérience については、*experience*、*éxperience* のようなアクサンによるスペルミスがかなりあり、得点率は 57％でした。

　(3)「Pauline はどこまで配達をするのか」という質問です。Pauline の 3 番目の返答と重なります。1 つ目のカッコには rayon、2 つ目のカッコには siège が入ります。rayon については、やはり l と r の区別ができずに *layon* とした誤答が見られました。r だとは理解できても、*raiyon* というようなスペルミスで誤答となった例も多くありました。得点率は比較的高く、76％でした。siège については、アクサンを正しくつけることができずに誤答となった例が散見されました（*siége*、*siege* など）。得点率は 64％でした。

　(4)「Pauline はどのようなタイプの製品を選ぶのか」という質問です。Pauline の 4 番目の返答と重なります。1 つ目のカッコには serve、2 つ目

のカッコには intellectuel が入ります。1つ目のカッコには接続法現在形が入ります。実際に読まれる本文でも接続法が用いられているのですが、sert と直説法現在形で解答することも可能です。得点率は高く、81％になりましたが、スペルミスの *sérve* のほか、*servent* と書いた誤答も少なからず見られました。後者については主語を見れば、文法的に入る可能性がないことがわかりますから、注意すれば避けられる誤答です。intellectuel については、*intérectuel* というようなアクサンのミスと l と r の混同による誤答が散見されましたが、*intellectuelle* と女性形を書いてしまった誤答もありました。直前の développement が男性名詞であることを考えれば避けられるミスです。得点率は低く、30％でした。

　(5)「おもちゃが返されるたびに、Pauline は何をしますか」という質問です。解答は Pauline の最後の返答に対応しています。読まれる本文では Les jouets sont nettoyés と受動態であったためか、能動態で解答を要求する1つ目のカッコに正解の nettoie を記入した答案は 27％にとどまりました。かわりに動詞 laver の活用形である lave も可能です。多く見られた誤答は *nettoye* でした。基本動詞の正しい活用を身につけることが大切です。2つ目のカッコについては、正解は naturels です。ここでは *naturel*、*naturelle*、*naturelles* というような誤答が見られましたが、これは直前の des produits との性数の一致を考えれば避けられるミスです。得点率は 61％でした。

解　答　(1) (loue) (jouets)　　(2) (fondant) (expérience)
　　　　　(3) (rayon) (siège)　　(4) (serve) (intellectuel)
　　　　　(5) (nettoie) (naturels)

2

（読まれるテキスト）

　Dans plusieurs hôpitaux parisiens, le Robot Dao aide les enfants malades qui ont du mal à s'exprimer. Par exemple, Nicolas, huit ans, est hospitalisé depuis deux ans après avoir survécu à un accident de voiture. Traumatisé, il ne quitte plus sa chambre et reste presque muet, même en présence de ses parents. Toutefois, quand il aperçoit le Robot Dao, il s'approche de lui tout de suite. Le Robot Dao lui demande : « Comment te sens-tu, aujourd'hui ? » L'enfant attend avec patience qu'il ait fini de s'exprimer pour lui répondre : « Bien ! » Avec lui, Nicolas peut tenir des conversations d'une demi-heure, soit trois fois plus qu'avec des adultes humains. En effet, le Robot Dao peut répéter dix, vingt, trente fois la même phrase sans jamais lever un sourcil.

Dans les maisons de retraite aussi, le Robot Dao est populaire. Il propose des exercices physiques aux personnes âgées. Au début, en général, ces dernières n'apprécient pas beaucoup sa présence. Cependant, il attire les enfants, qui viennent plus volontiers rendre visite à leurs grands-parents, pour jouer avec lui. Et les personnes âgées sont finalement contentes de sa présence.

（読まれる内容について述べた文）

un   : Le Robot Dao est mis à disposition des malades dans plusieurs hôpitaux parisiens.
deux   : Nicolas est hospitalisé depuis douze ans.
trois : Nicolas est traumatisé à la suite d'un accident de voiture.
quatre : Nicolas ne parle pas beaucoup, même avec ses parents.

cinq : Lorsque Nicolas aperçoit le Robot Dao, il va aussitôt le voir.

six : Nicolas n'attend jamais que le Robot Dao ait fini de parler.

sept : Nicolas peut tenir des conversations d'une demi-heure avec des adultes.

huit : Quand le Robot Dao doit répéter la même phrase plusieurs fois, il finit par se mettre en colère.

neuf : Dans les maisons de retraite, les personnes âgées adorent le Robot Dao dès son arrivée.

dix : Les enfants ne s'intéressent pas au Robot Dao, au contraire de leurs grands-parents.

解説　問題全体の得点率は75％で、過去6年の平均とほぼ同じレベルでした。読まれるテキストの内容をしっかり理解し、そのうえで、つづいて読まれる設問の内容との一致・不一致を判断します。数字などのこまかい情報をおさえるとともに、全体の文意をしっかり把握してから、設問にとりかかるように心がけましょう。

今回のテキストでは、le Robot Dao というロボットが、病院や老人ホームで活躍するさまが説明されています。まず、病院で心に傷を負った子どもが心を開いて le Robot Dao と接する理由が語られます。次に老人ホームでも le Robot Dao が人気者である理由が紹介されます。

(1)「le Robot Dao は病人が利用するため、パリのいくつもの病院に配置されている」。第1段落の第1文で、「いくつものパリの病院で、le Robot Dao はなかなか自分を表現できない病気の子どもたちを助けている」と述べられていますので、設問文は本文の内容と一致します。得点率は83％でした。

(2)「Nicolas は12年前から入院している」。第1段落の第2文の前半で、Nicolas は8歳であること、また、2年前から入院していることが述べられていますので、設問文は本文の内容と一致しません。deux ans と douze ans は、deux heures と douze heures とおなじく、慣れていないと聞いたと

きにとりちがえをしがちです。注意をして聞くことが必要ですし、また冷静に判断をして8歳の子どもが12年前から入院するはずがないことに気づくことが必要です。得点率は設問中でもっとも低く、25％でした。

(3)「Nicolas は、車の事故のために心理的な傷を負っている」。第1段落の第2文の後半で、Nicolas は「車の事故で生き残ったあと」と説明され、第3文の冒頭で「心に傷を負って」と書かれています。したがって、設問文と本文の内容は一致します。得点率は88％でした。

(4)「Nicolas は両親とすらあまり話をしない」。第1段落の第3文で、Nicolas は病室に閉じこもったままで、両親の前でもほとんど口をきかずにいると説明されています。したがって、設問文と本文の内容は一致します。得点率は79％でした。

(5)「Nicolas は le Robot Dao を見かけるとすぐに会いにいく」。第1段落の第4文に「Nicolas は le Robot Dao を見かけるとすぐに近づいていく」とありますから、設問文と本文の内容は一致します。得点率は74％でした。

(6)「Nicolas は le Robot Dao が話し終えるのをけっして待たない」。第1段落の第5文で le Robot Dao は Nicolas に「きょうの具合はどうだい？」と聞くと説明されますが、その直後の第6文では、le Robot Dao が話し終えるまで Nicolas はしんぼうづよく待ってから「元気だよ！」と答えると述べられています。したがって、設問文と本文の内容は一致しません。得点率は84％でした。

(7)「Nicolas はおとなたちと30分間の会話をすることができる」。第1段落の第7文で、le Robot Dao とならば30分間の会話ができて、それは人間のおとなとの会話の3倍にもなることが書かれています。つまり、おとなとは10分ぐらいしか会話ができないのです。数字や文の主語に注意をすれば誤答を避けられる問題です。得点率は61％でした。

(8)「le Robot Dao は何回も同じ文を繰り返して言わなくてはならないと、しまいには怒ってしまう」。第1段落の第8文に、10回でも20回でも30回でも le Robot Dao は同じ文を繰り返して言うことができるとありますから、たとえ sans jamais lever un sourcil「まゆひとつ動かさずに、まったく動じずに」の意味がわからずとも、本文と設問文が一致しないことがわかります。得点率は設問中でもっとも高く、91％でした。

(9)「老人ホームでは、老人は le Robot Dao が来たときからすぐに好きになる」。これは第2段落の第3文に対応します。最初は、老人たちは le

Robot Dao がいることをあまりよく思わないと書かれていますから、設問文と本文の内容は一致しません。得点率は 74％でした。

⑽「子どもたちは、彼らの祖父母とは反対に、le Robot Dao に興味を示さない」。第 2 段落の第 4 文では、le Robot Dao が子どもたちに人気があり、le Robot Dao と遊ぶことを目的に子どもたちが祖父母に会いにくることが述べられています。そこで、しまいには老人たちは le Robot Dao がいてくれてよかったと思うと、第 5 文で述べられています。したがって設問文と本文の内容は一致しません。得点率は 90％でした。

|解　答|　(1) ①　　(2) ②　　(3) ①　　(4) ①　　(5) ①
　　　　　(6) ②　　(7) ②　　(8) ②　　(9) ②　　⑽ ②

1 次試験配点表

筆記試験	1	2	3	4	5	6	7	8	小計	書き取り	小計	聞き取り	1	2	小計	計
	10点	5	5	10	5	16	15	14	80		20		10	10	20	120

2 次 試 験
解　説

　2次試験・面接では、**A**、**B** 2つのテーマから、1つを選びます。原則として、**A**は政治・経済・社会に関する時事的なテーマ、**B**はより日常生活に結びついた一般的なテーマとなっています。今回出題されたテーマは以下の組み合わせでした。どの組み合わせが受験生に手渡されるのかは、試験直前までわかりません。

【日本】
1. **A)** デジタル認証システムがすでにいくつもの国で実施されています。日本でマイナンバー導入を警戒するのはまちがっていますか。
   B) あなたの考えでは、子どもたちの大声は「騒音公害」ですか。
2. **A)** 日本の財務省は、小中学校における教員数を減少させたいとしています。そのことについて、あなたはどう思いますか。
   B) 歩きながらスマートフォンを使う人のことを、あなたはどう思いますか。
3. **A)** 日本はもっと難民を受け入れるべきですか。
   B) 強制ワクチン接種にあなたは賛成ですか、反対ですか。

【パリ】
1. **A)** ハンブルクの住民は市民投票で、2024年オリンピック開催への市の立候補を否決しました。パリ市は、立候補を取り下げずにいるべきですか。
   B) 日本の子供たちはたったひとりで学校に行きますが、これをフランスの報道は「驚くべきこと」と考えています。あなたはこの見解に賛成ですか。
2. **A)** フォルクスワーゲンの不祥事があってからは、企業をあまり信用しないようにするべきですか。
   B) 日本では入れ墨のある人は公衆浴場に入ることが禁じられています。このことについて、あなたはどう思いますか。

受験者は面接までの 3 分間に、あたえられたテーマ **A**、**B** のいずれかを選び、そのテーマについての考えをまとめておきます。入室後、面接委員（通常、フランス人と日本人の計 2 人）が氏名などに関してフランス語で簡単な質問をしますので、フランス語で答えてください。その後、選んだテーマについて 3 分間の exposé をおこない、つづいて、その exposé に対する質疑応答が面接委員との間でおこなわれます（全体で約 7 分）。

　自分にとって論じやすいほうのテーマを選ぶのは当然ですが、以下の点に気をつけましょう。

　選んだテーマを正しく理解し、そのテーマにそって説得的な議論を組み立てること。時事的なテーマを選ぶにせよ、日常的なテーマを選ぶにせよ、早とちりせず、まず何が問われているのかを正確に把握することが必要不可欠です。この面接試験で受験者に求められているのは、主観的な印象や感想を述べることではありません。具体的な理由や事例など、根拠を明確に示しながら、論理的に自分の意見を提示するよう心がけましょう。そのためには、ふだんからフランス語の新聞・雑誌・インターネットの記事などに親しみつつ、日本語の情報にもアンテナをはり、さまざまな社会現象についての情報を収集し、自分なりの意見を整理しておくことが大切です。

　賛否両論を考慮し、面接委員の反応を活用して、対話形式で議論を深めること。とりわけ、ある問題についての賛否を問われた際に、一方的に自説を主張するだけで満足する受験者がいますが、そうすると視野の狭さが目立ちます。むしろ、賛成の立場と反対の立場を両方とも吟味するという手続きをふんだほうが、自説の説得力が増すはずです。また、exposé 後になされる面接委員の質問や反論は、受験者の意見を否定するためのものではありません。むしろ自説を深めたり、補ったりする観点を提供されたと理解し、積極的に対話をおこなってください。対立する意見を冷静に吟味し、発展的な対話を成立させるフランス語の能力が試されているのです。もちろん、質問や反論の意味がわからないときは、繰り返すよう頼んでもかまいません。

　なお、面接委員による総合評価は以下の 3 点を軸にすえておこなわれます。

1) 受験者の exposé の内容と構成、議論の展開における論理性、適切な具体例の提示による説得力

2) 面接委員からの意見や反論に的確に答え、自分の意見を展開できるインターラクティブなコミュニケーション能力
3) 受験者のフランス語の質（発音、文法、語彙力、表現力など）

学校別受験者数一覧

2015年度春季　＜大学・短大別出願状況＞

出願者数合計が10名以上の学校を抜粋しました（50音順）。

団体	学校名	合計	団体	学校名	合計	団体	学校名	合計
団体	愛知県立大学	17	団体	甲南大学	12		東北学院大学	13
	愛知大学	15	団体	神戸大学	24		東北大学	14
団体	青山学院大学	78		國學院大學	15		東洋大学	50
団体	茨城キリスト教大学	27	団体	国際教養大学	36	団体	獨協大学	103
団体	宇都宮大学	20		国際基督教大学	15		富山大学	29
	愛媛大学	12		駒澤大学	13		長崎外国語大学	41
	大分県立芸術文化短期大学	12		首都大学東京	15		名古屋外国語大学	78
	大阪教育大学	23		城西国際大学	13		名古屋大学	12
団体	大阪産業大学	11	団体	上智大学	85		奈良女子大学	11
	大阪市立大学	12		昭和女子大学	23		南山大学	36
	大阪大学	71		白百合女子大学	84		新潟大学	18
	大妻女子大学	19	団体	椙山女学園大学	37		日本女子大学	21
	お茶の水女子大学	115		成城大学	64		日本大学	165
	学習院大学	64		聖心女子大学	28		広島大学	16
	鹿児島大学	11		西南学院大学	78		フェリス女学院大学	22
団体	神奈川大学	11		専修大学	14		福岡大学	34
	金沢大学	31	団体	創価大学	24		福山市立大学	16
団体	関西外国語大学	45		大東文化大学	30	団体	法政大学	104
	関西大学	48		拓殖大学	67		北星学園大学	15
	関西学院大学	122	団体	千葉大学	39		北海道大学	13
	神田外語大学	10		中央大学	151		松山大学	16
	九州大学	18		中央大学	22	団体	武庫川女子大学	21
団体	京都外国語大学	97		筑波大学	21		武蔵大学	45
	京都産業大学	75		津田塾大学	36		明治学院大学	67
	京都大学	26		帝京大学	23		明治大学	139
団体	共立女子大学	24		東海大学	71		横浜国立大学	13
	金城学院大学	69		東京外国語大学	13	団体	立教大学	111
	熊本大学	10		東京女子大学	11		立命館大学	111
	慶應義塾大学	214		東京大学	74		龍谷大学	16
団体	甲南女子大学	17	団体	同志社大学	44		早稲田大学	176

2015年度春季　＜小・中・高校・専門学校別出願状況＞

出願者数合計が5名以上の学校を抜粋しました（50音順）。

団体	学校名	合計	団体	学校名	合計	団体	学校名	合計
団体	埼玉県立伊奈学園総合高等学校	58		慶應義塾湘南藤沢中・高等部	5	団体	同志社国際中学校・高等学校	9
団体	大阪聖母学院中学校・高等学校	16	団体	神戸海星女子学院中学・高等学校	9	団体	同朋高等学校	10
団体	大妻中野中学校・高等学校	19		兵庫県立国際高等学校	7		大阪市立西高等学校	8
	学習院女子中・高等科	6		岩手県立不来方高等学校	10		日本外国語専門学校	32
	神奈川県立神奈川総合高等学校	14		白百合学園中学高等学校	84		福島県立福島南高等学校	8
	カリタス女子中学高等学校	56		聖ウルスラ学院英智高等学校	81		雙葉中学校・高等学校	7
	神田外語学院	6		聖ドミニコ学園中学高等学校	29		大阪府立松原高等学校	6
	暁星国際学園小学校	6		聖霊被昇天学院中学校・高等学校	30		神奈川県立横浜国際高等学校	36
団体	暁星学園高等学校	24		東京学芸大学附属国際中等教育学校	5		立命館宇治中学校・高等学校	14
団体	慶應義塾高等学校	6		東京女子学院中学校高等学校	10		早稲田大学高等学院	7

208

学校別受験者数一覧

2015年度秋季　＜大学・短大別出願状況＞

出願者数合計が10名以上の学校を抜粋しました（50音順）。

	学校名	合計		学校名	合計		学校名	合計
団体	愛知県立大学	108	団体	神戸大学	15		東洋大学	57
	愛知大学	17	団体	國學院大學	10	団体	常葉大学	28
団体	青山学院大学	136	団体	国際教養大学	49	団体	獨協大学	98
団体	亜細亜大学	50		国際基督教大学	10		富山大学	29
	跡見学園女子大学	16	団体	駒澤大学	18	団体	長崎外国語大学	27
団体	茨城キリスト教大学	48	団体	静岡県立大学	14	団体	名古屋外国語大学	73
	岩手大学	23		静岡文化芸術大学	10		名古屋造形大学	24
	宇都宮大学	15		首都大学東京	12		奈良女子大学	21
	大阪教育大学	26	団体	城西大学	15	団体	南山大学	50
	大阪産業大学	10	団体	上智大学	125		新潟大学	29
	大阪市立大学	10	団体	昭和女子大学	16		日本女子大学	43
団体	大阪大学	90	団体	白百合女子大学	132	団体	日本大学	396
	大妻女子大学	13		杉野服飾大学	10		一橋大学	13
	岡山大学	14	団体	椙山女学園大学	26		弘前大学	16
	沖縄国際大学	18	団体	成城大学	213		広島修道大学	12
	小樽商科大学	18	団体	聖心女子大学	71	団体	広島大学	13
団体	お茶の水女子大学	78	団体	西南学院大学	91	団体	フェリス女学院大学	40
団体	学習院大学	132		専修大学	23		福岡大学	24
団体	金沢大学	43	団体	創価大学	16	団体	福島大学	70
団体	関西外国語大学	59		大東文化大学	43		福島大学	15
	関西大学	63	団体	拓殖大学	314		文京学院大学	17
団体	関西学院大学	103	団体	千葉大学	48	団体	法政大学	110
団体	関東学院大学	10	団体	中央大学	189	団体	北星学園大学	22
	九州産業大学	11		中京大学	26		北海道大学	12
	九州大学	23	団体	筑波大学	30		松山大学	27
団体	京都外国語大学	135		津田塾大学	42		宮崎大学	12
団体	京都産業大学	102	団体	帝京大学	22	団体	武庫川女子大学	132
	京都女子大学	30		東海大学	108		武蔵大学	44
	京都大学	23		東京外国語大学	24		武蔵野大学	45
団体	共立女子大学	42		東京学芸大学	10		武蔵野美術大学	32
	近畿大学	19		東京家政大学	23	団体	明治学院大学	87
	金城学院大学	72	団体	東京大学	64	団体	明治大学	192
	熊本大学	16		東京理科大学	23		横浜国立大学	11
	群馬大学	20		同志社女子大学	19		立教大学	152
	慶應義塾大学	384	団体	同志社大学	49	団体	立命館大学	115
	工学院大学	31		東北学院大学	24		龍谷大学	18
団体	甲南女子大学	15		東北大学	11		早稲田大学	409
	甲南大学	19	団体	東洋英和女学院大学	19			

2015年度秋季　＜小・中・高校・専門学校別出願状況＞

出願者数合計が5名以上の学校を抜粋しました（50音順）。

	学校名	合計		学校名	合計		学校名	合計
団体	埼玉県立伊奈学園総合高等学校	37	団体	暁星中学・高等学校	21	団体	聖母被昇天学院中学校・高等学校	41
団体	大阪聖母学院中学校・高等学校	12	団体	慶應義塾高等学校	11		東京学芸大学附属国際中等教育学校	6
団体	大妻中野中学・高等学校	51		慶應義塾女子高等学校	5	団体	東京女子学院中学校高等学校	25
	小林聖心女子学院高等学校	9	団体	神戸海星女子学院中学・高等学校	46		同志社国際中学校・高等学校	13
	学習院女子中・高等科	10	団体	兵庫県立国際高等学校	8		日本外国語専門学校	23
団体	神奈川県立神奈川総合高等学校	22		岩手県立不来方高等学校	11	団体	東京大学附属中学校・高等学校	6
団体	カリタス小学校	50	団体	白百合学園中学高等学校	137	団体	雙葉中学校・高等学校	24
団体	カリタス女子中学高等学校	64		大阪府立住吉高等学校	9		明治大学附属中野八王子中学校・高等学校	5
	神田外語学院	12	団体	聖ウルスラ学院英智高等学校	67	団体	神奈川県立横浜国際高等学校	29
	暁星国際学園小学校	10		成城学園中学校高等学校	5			
	暁星国際中学・高等学校	5	団体	聖ドミニコ学園中学高等学校	45			

文部科学省後援
実用フランス語技能検定試験
2016 年度版準 1 級仏検公式ガイドブック
傾向と対策＋実施問題
（CD 付）

定価（本体 2,600 円＋税）

2016 年 4 月 1 日 発行

編　者　　公益財団法人　フランス語教育振興協会
発 行 者

発行所　　公益財団法人　**フランス語教育振興協会**
〒102-0073　東京都千代田区九段北 1-8-1　九段101ビル 6F
電話（03）3230-1603　FAX（03）3239-3157
http://www.apefdapf.org

発売所　　（株）駿 河 台 出 版 社
〒101-0062　東京都千代田区神田駿河台 3-7
振替口座 00190-3-56669番
電話（03）3291-1676（代）　FAX（03）3291-1675
http://www.e-surugadai.com
ISBN978-4-411-90264-1　C0085　￥2600E

落丁・乱丁・不良本はお取り替えいたします。
当協会に直接お申し出ください。
（許可なしにアイデアを使用し、または転載、
複製することを禁じます）
Ⓒ公益財団法人　フランス語教育振興協会
Printed in Japan

1er
dim. 19 juin

2ème
dim. 17 juillet

2016

DIPLÔME D'APTITUDE
PRATIQUE AU FRANÇAIS

実用フランス語技能検定試験

春季	1次試験	6月19日(日)	申込開始	4月1日(金)	
	2次試験	7月17日(日)	締切 郵送	5月18日(水)＊消印有効	
			インターネット	5月25日(水)	
秋季	1次試験	11月20日(日)	申込開始	9月1日(木)	
	2次試験	2017年 1月22日(日)	締切 郵送	10月19日(水)＊消印有効	
			インターネット	10月26日(水)	

APEF

公益財団法人 フランス語教育振興協会 仏検事務局
TEL：03-3230-1603　E-mail：dapf@apefdapf.org
〒102-0073 東京都千代田区九段北1-8-1 九段101ビル

www.apefdapf.org